O livro de Jó

Bertrand Pinçon

O livro de Jó

Tradução
Enio Paulo Giachini

ABC da BÍBLIA

Edições Loyola

Título original:
Le livre de Job
© Les Éditions du Cerf, 2016
24, rue des Tanneries, 75013, Paris, France
ISBN 978-2-204-10619-1

Dados Internacionais de Catalogação na Publicação (CIP)
(Câmara Brasileira do Livro, SP, Brasil)

Pinçon, Bertrand
O livro de Jó / Bertrand Pinçon ; tradução Enio Paulo Giachini.
-- São Paulo, SP : Edições Loyola, 2023. -- (ABC da Bíblia)

Título original: Le livre de Job
ISBN 978-65-5504-267-2

1. Bíblia - Estudo 2. Cristianismo 3. Jó (Personagem bíblico)
I. Giachini, Enio Paulo. II. Título. III. Série.

23-150438 CDD-223.106

Índices para catálogo sistemático:
1. Jó : Livros poéticos : Bíblia : Interpretação e crítica   223.106

Tábata Alves da Silva - Bibliotecária - CRB-8/9253

Capa: Ronaldo Hideo Inoue
Prophet Joel. Detalhe do afresco (c. 1508-1512)
de Michelangelo (1475-1564), Capela Sistina (teto),
Vaticano. © Wikimedia Commons.
Diagramação: Viviane Bueno Jeronimo
Revisão técnica: Danilo Mondoni, SJ
Revisão: Carolina Rubira

Edições Loyola Jesuítas
Rua 1822 n° 341 – Ipiranga
04216-000 São Paulo, SP
T 55 11 3385 8500/8501, 2063 4275
editorial@loyola.com.br
vendas@loyola.com.br
www.loyola.com.br

Todos os direitos reservados. Nenhuma parte desta obra pode ser reproduzida ou transmitida por qualquer forma e/ou quaisquer meios (eletrônico ou mecânico, incluindo fotocópia e gravação) ou arquivada em qualquer sistema ou banco de dados sem permissão escrita da Editora.

ISBN 978-65-5504-267-2

© EDIÇÕES LOYOLA, São Paulo, Brasil, 2023

Sumário

Introdução 7

Capítulo 1
Antes de começar a leitura 11

Capítulo 2
Resumo pormenorizado e estrutura do livro 25

Capítulo 3
Uma obra literária 41

Capítulo 4
A fé à prova do mal 47

Capítulo 5
Sentido e absurdo do sofrimento 59

Capítulo 6
A esperança não está morta 71

Capítulo 7
Onde encontrar a verdadeira sabedoria? 79

Capítulo 8
Deus maior que o nosso mal 91

Capítulo 9
A criação e seu criador 103

Capítulo 10
A recepção do livro de Jó 115

Capítulo 11
O livro de Jó, chaves para entender nossa cultura 125

Conclusão 129

Anexos 133
   Léxico 133
   Pequeno glossário 141
   Cronologia 145
   Mapa 148

Bibliografia 149

Introdução

Jó, a história de um homem ferido, a nossa história

Não costumamos dizer "pobre como Jó"? Essa expressão é conhecida por designar uma pessoa em extrema precariedade e cuja vida não é bem-sucedida. Essa expressão tem sua origem em um dos livros da Bíblia que apresenta o personagem Jó, um homem repentinamente atingido por um sofrimento inexplicável e que, no entanto, se mantém firme na provação.

Pela seriedade do assunto que aborda, ninguém consegue ficar indiferente frente ao livro de Jó. Ao lê-lo, somos seduzidos e ao mesmo tempo levantamos questionamentos em relação à trama que se desenrola ao longo dos quarenta e dois capítulos do livro. Somos envolvidos pelas reações humanas deste homem diante da mais completa desorientação e das questões existenciais que ele coloca ao longo da obra: Qual é o sentido de viver se for para viver assim? Diante de tal tragédia, qual é a utilidade do conforto dos entes queridos? E Deus em tudo isso? Onde ele está e o que ele faz? No entanto, analisando com mais precisão, é necessário perguntar também como este livro aborda a experiência do mal: apesar da desgraça que corrói inclusive seu corpo e das revoltas por ele manifestas, Jó resiste na fé. Em nenhum momento ele rejeita Deus. Pelo contrário, dirige-se a ele e o interpela, por vezes vigorosamente. Chega até mesmo a intimá-lo a se explicar abertamente. Tanto que, apesar do desespero que dele toma conta, Jó persiste em mostrar uma aparente serenidade enraizada em seu Deus e que não pode abandoná-lo, apesar de seu silêncio.

O livro trata de um assunto universal, sem referência explícita a qualquer fato histórico ou mesmo à história bíblica da aliança de Deus com o povo de Israel. O tema da obra é principalmente o problema do mal e, além disso, o problema do mistério que é o sofrimento dos seres inocentes. A partir desse tema central, o livro aborda algumas das grandes questões da existência humana: o caráter aleatório da nossa existência; as disparidades observadas entre as situações pessoais; o persistente silêncio de Deus e sua soberana liberdade; o sentido da vida neste mundo quando se deve assumir a própria parcela de sofrimento; e a morte... Por meio desses assuntos que dizem respeito a todos nós, é essencialmente a relação tumultuosa que o homem ferido mantém com o seu Deus o que constitui o fio condutor desta obra bíblica. O livro de Jó, portanto, não se trata apenas de uma meditação sobre o sofrimento imerecido dos inocentes, mas muito mais, é uma reflexão profunda sobre o drama da fé em Deus, experimentado por um justo que sofre.

Até então a justiça e a retidão eram consideradas, pelos sábios da Bíblia, virtudes a serem promovidas a fim de assegurarem a felicidade dos seres humanos na terra. O justo e o sábio são recompensados por Deus por sua conduta, enquanto os malvados e os ímpios são reprovados. Assim a sabedoria tradicional de Israel era apresentada até então no livro dos Provérbios: "O homem bom atrai o favor do Senhor, mas o homem mau é por ele condenado" (Pr 12,2). Mas e os justos derrotados pelo mal? Esta é a pergunta colocada no desenrolar-se do livro de Jó e esse problema não é novo na Bíblia. Outros livros do Antigo Testamento já se debruçaram sobre essa questão, reconhecendo um papel positivo desempenhado pelo sofrimento como um valor de purificação, por exemplo, no profeta Isaías 1,25: "voltarei a minha mão contra ti; com o sal fundirei tuas escórias, eliminarei todas as tuas impurezas"; ou então em um apelo à conversão, como a da esposa infiel de acordo com as belas palavras do Senhor por meio do profeta Oséias:

> Eis porque fecharei o teu caminho com espinheiros; eu lhe oporei uma barreira – e ela já não encontrará suas veredas. Ela irá ao encalço de seus amantes sem os alcançar: ela os procurará sem os encontrar; e dirá: "Voltarei para o primeiro esposo, pois então eu era mais feliz do que agora" (Os 2,8-9).

Há, no entanto, casos no Antigo Testamento em que o sofrimento humano é avaliado por si mesmo. Assim são reconhecidas algumas inversões de situações: os poderosos que caem e os pobres que são elevados; o Senhor que causa a morte e faz viver, que faz descer ao *Sheol* e de lá traz de volta, que traz a pobreza ou a riqueza (cântico de Ana, mãe Samuel em 1 Sm 2,4-7), sem nos esquecermos do tema do profeta incompreendido e do servo sofredor (Is 52,13–53,12).

É no contexto que questiona uma justiça automaticamente recompensada, que o livro de Jó apresenta a originalidade de um pensamento crítico renovado. Eis a razão por que essa obra sapiencial, que não se encaixa em nenhuma categoria conhecida da literatura bíblica, merece ser estudada.

1

Antes de começar a leitura

Quem é Jó?

Jó é um personagem misterioso, praticamente desconhecido da Bíblia fora do livro a ele dedicado. Mesmo a etimologia do nome é incerta. De acordo com a língua hebraica em que o livro foi escrito, Jó pode ser traduzido tanto como "aquele que é odiado", bem como "aquele que luta" com Deus. A raiz da palavra Jó (*ayabun* ou *ayabîn*) pode vir do Oriente Médio, de algum lugar da região do Crescente Fértil, em especial das planícies da Mesopotâmia, onde nasceram muitas correntes da sabedoria oriental (sumérios, assírios, acadianos, babilônios).

Além do próprio livro de Jó, o de Ezequiel é o único livro da Bíblia a mencionar seu nome. Ele o faz ao lado de dois outros justos que são capazes de se salvar por causa de sua vida justa: Noé e Daniel (Ez 14,14.20). É muito provável que o caráter de Jó tenha sido como o daqueles heróis populares que a tradição de Israel já conhecia antes da provação do exílio na Babilônia no século VI a.C.: um homem piedoso, que foi bem-sucedido em tudo, experimenta uma série de tragédias terríveis. Os primeiros versículos do livro nos apresentam Jó como um rico proprietário de terras que dispõe de gado abundante e de grande número de servos. Até se diz que ele é o mais rico de todo o Oriente (Jó 1,3). Isso diz muito! Acima de tudo, porém, o livro destaca sua virtude incomparável. Jó é reconhecido por muitas qualidades humanas e espirituais que também são importantes: é íntegro, reto, piedoso e se afasta do mal (Jó 1,1). Quem pode afirmar ter tantas qualidades? Esse rico chefe de clã nos é apresentado como o arquétipo do sábio por excelência, sinal, de acordo com a tradição bíblica, de uma vida harmoniosa e perfeitamente equilibrada. Além disso, as qualidades atribuídas a ele são aquelas comprovadas por raros personagens do Antigo Testamento, em particular Noé (Gn 6,9) e Abraão (Gn 17,1).

Jó é sábio no sentido de que age de maneira extremamente cuidadosa consigo mesmo e com as pessoas próximas a ele, busca assegurar que nenhum mal interfira em sua vida ou na de sua família. Por que, então, questionar se Deus o abençoou? Os justos prosperam e viverão por muito tempo. Esta é a teoria clássica da literatura sapiencial, que o resto do livro questionará a partir das catástrofes que subitamente mergulharão Jó em um infortúnio terrível.

De onde veio Jó e onde morava? Não sabemos exatamente. De acordo com o livro, Jó é da terra de Us (Jó 1,1). Trata-se de um local difícil de identificar. Também é possível que estivesse localizado em algum lugar do deserto da Síria ou entre Edom e a Arábia. Ao menos é assim que o livro do Gênesis menciona Us referente aos descendentes de Esaú, também chamado de Edom (Gn 36,28). Na Bíblia, Us é também o nome do sobrinho de Abraão, filho que Milca teve com Nahor (Gn

22,20-21). Independentemente da referência patriarcal, o importante é lembrar que por origem Jó claramente não é da etnia israelita. Vem de uma tradição oriental maior que a de Israel. Isso significa que a provação que o atinge é o sinal de um drama universal que pode se desenrolar em qualquer momento e em qualquer lugar: um homem rico, respeitado por todos, experimenta, de repente, a maior pobreza e os sofrimentos mais cruéis. Em pouco tempo, aquele que tinha tudo para ter sucesso perde a fortuna que gradualmente acumulou; também perde os membros de sua família, de quem que tão sabiamente se cercou. Perde até a saúde ... Pobre Jó! No entanto, embora abalado por todos os lados por essas tragédias, ele não permitirá sentir-se derrotado. Responde, dirigindo-se ao Senhor, o Deus da aliança. Melhor ainda, ele ousa desafiá-lo vigorosamente para que o Senhor se digne a dar-lhe explicações. E oportunamente o Senhor se mostrará e falará com ele face a face.

Em suma, a provação injusta sofrida por um inocente, embora coloque um homem sábio em desacordo com o Deus de Israel, não é peculiar à tradição Israelita. Ela tem origem nos documentos mais remotos da sabedoria antiga que foram conservados até os dias de hoje. Atualmente admite-se que essas correntes de sabedoria estrangeira possam ter influenciado, à sua maneira, o autor bíblico.

A influência das sabedorias estrangeiras

O livro de Jó não é o único da sabedoria oriental que aborda a dolorosa questão do sofrimento dos inocentes. Ele se beneficia, em grande parte, da contribuição da antiga sabedoria não-bíblica, especialmente da tradição mesopotâmica. De fato, no panteão babilônico o modelo religioso dominante é o do contrato: os deuses se comprometem a governar o mundo com justiça, enquanto, em troca, os homens prometem render culto a eles na esperança de obter benefícios para suas vidas (paz, prosperidade e felicidade). É sobre este modelo contratual que foi estabelecido o princípio da retribuição divina: o sábio é recompensado por seus atos de justiça, enquanto o tolo é punido por seu mal. Portanto, a felicidade vivida pelos justos é vista como recompensa da fidelidade aos deuses, enquanto o sofrimento experimentado pelos ímpios é visto como um castigo pelas faltas cometidas. Este era o princípio predominante da sabedoria no antigo Oriente. No entanto, alguns textos do mundo antigo mostram que essa adequação já não é evidente a partir do momento em que surge a questão do mal sofrido por alguém que se apresenta como totalmente inocente. O sofrimento injustamente experimentado pelo sábio não seria sintoma de uma quebra de contrato por parte dos deuses? Esta questão é abordada em vários poemas ou orações da Antiguidade.

Assim acontece com o poema do homem e seu Deus, chamado *Poema do justo sofredor sumério*, por causa das muitas semelhanças temáticas entre o texto bíblico e a sabedoria da região suméria na Mesopotâmia. Nesse texto, datado por volta do ano 2000 a.C., o tema em questão é um homem abatido por penúrias que se queixa de ser abandonado por todos e que se coloca nas mãos de seu Deus:

> Meu camarada não me diz uma palavra certa; à palavra franca que digo, meu companheiro nada responde além de mentiras [...]. Eu, o sábio, por que razão deveria juntar-me com jovens ignorantes? Sempre há muito pão, mas para mim meu pão é a fome. No dia em que os homens em grande número receberam

seu quinhão, a parte que coube a mim valerá a pena. [...] Meu deus, tu que és meu pai e me engendraste, levanta meu rosto! Quanto tempo mais vais ficar sem te preocupares comigo, sem visitares o lugar onde me encontro? Como a um boi, não me deixas levantar e ir ao teu encontro. Quanto tempo vais me deixar sem orientação? [...] Quando as lágrimas, os gemidos e o lamento que oprimiam o jovem apaziguaram o coração do seu deus, este acolheu as palavras verdadeiras, as palavras puras que ele tinha falado.

Da mesma forma, a oração chamada *Ação de graças a Marduk* também pode ter inspirado o autor do livro de Jó. Nesse texto, datado entre 1600 e 1100 a.C., fala-se de um notável que, depois de sua provação, dirige-se ao Deus mesopotâmico Marduk. Em uma oração, descreve longamente seus sofrimentos, como fará posteriormente o próprio Jó:

Mantive minha cama como uma prisão; minha saída era apenas gemidos, e minha casa se transformou em jaula para mim. Meus pés estão presos ao meu corpo inerte. Atrozes para mim foram os golpes, grave é minha ferida. Um chicote me golpeou: ele estava crivado de espinhos; um aguilhão me transpassou: ele estava eivado de agulhas. O dia todo, o torturador me tortura; à noite, não me deixa respirar por um momento. Para onde quer que me vire, meus tendões estão largados, meus membros estão enriquecidos, esquartejados. Como um boi, sobre meu estrume passei as noites; e como uma ovelha, me sujei em excrementos.

Então, dá graças pelo retorno à vida que Marduk finalmente lhe concede:

O Senhor apoderou-se de mim, pôs-me de novo em pé, deu-me a vida. Ele salvou-me do poço, restabeleceu-me da destruição [...], me pegou pela mão. Um me bateu, Marduk me restaurou. Ele golpeou a mão daquele que me batia. Os babilônios viram como Marduk conduz à vida, e todas as regiões exaltaram sua grandeza.

Finalmente, por volta do ano 1000 a.C. um novo poema babilônico, chamado *Teodiceia babilônica*, dá voz à queixa de um sofredor que toma como testemunha seu amigo, incapaz de confortá-lo:

És caridoso, meu amigo, ouça minha queixa! Auxilia-me, estou abatido, ajuda-me a compreender! Eu que sou submisso, sábio e suplicante, nem por um momento vi ajuda ou socorro. Na praça de minha cidade, caminhei discretamente, sem levantar o tom e falando a meia voz. Não levantei a cabeça e olhava apenas para o chão; como escravo, não participei de louvor na assembleia de meus companheiros.

Cansado da guerra, ainda tem forças para voltar-se a seus deuses:

Que o Deus que me deixou me conceda sua ajuda! Que a deusa que me abandonou tenha piedade de mim. Que o pastor, o sol dos homens, como um Deus, seja conciliador!

Como abordado no livro de Jó, o tema do sofrimento tem, portanto, suas raízes mais profundas na experiência secular dos sábios do antigo Oriente. Mediante as principais contribuições da literatura mesopotâmica, desenvolveu-se gradualmente uma reflexão sobre uma das grandes questões da humanidade, que é o drama do mal e do sofrimento, especialmente quando atinge um ser totalmente inocente. Embora tenha pontos comuns com este tema universalmente conhecido, no encontro da sabedoria oriental com a de Israel, o livro de Jó traz seu toque pessoal. Ao contrário de outros escritos da literatura antiga, não há admissão de culpa em Jó, nenhuma admissão de pecado de sua parte, apesar das insistentes observações de seus amigos. Pelo contrário, confrontado com a provação do mal, ele nunca deixa de alegar sua inocência do início ao fim. E no fundo é isso que o fará sofrer mais. Tanto, que, depois de confiar sua queixa em vão a seus amigos, Jó acaba por se dirigir a Deus, censurando abertamente sua incoerência e injustiça no governo do mundo, bem como a falta de fidelidade à aliança que estabeleceu.

Data e local de redação

A história da redação do livro é complexa, já que foi escrito em várias etapas abrangendo vários períodos de tempo. O texto começa e termina com um relato em prosa (Jó 1–2 e 42,7-17), que corresponde às partes mais antigas da obra e podem remontar à era dos reis, ou seja, ao século X a.C. No prólogo e epílogo, Jó é descrito como um patriarca seminômade que apresenta ofertas a Deus, como Noé (Gn 8,20), Abraão (Gn 22,2.7.13) ou Jacó (Gn 31,54) fizeram antes dele. É muito provável que esse relato provenha de contos tradicionais transmitidos por sábios do deserto, possivelmente da região de Edom da Transjordânia (atual Jordânia).

Entre o prólogo e o epílogo, o livro é enriquecido por um longo poema escrito muito provavelmente durante o período da invasão dos persas a Jerusalém por volta do século V a.C. Este poema infunde na velha narrativa popular uma nova abordagem ao drama, tentando confrontar o princípio tradicional da recompensa divina oferecida aos justos. É nesse relato que encontramos, por exemplo, a longa série de diálogos entre Jó e seus três amigos (Jó 4—27), os dois monólogos de Jó (Jó 3 e 29—31) e, em seguida, o diálogo final entre Deus e Jó (Jó 38, 1—42,6). Posteriormente foram adicionados os discursos sem fim do sábio Elihu sobre o fundamento da sabedoria (Jó 32—37), bem como o poema sobre a sabedoria que não pode ser encontrada (Jó 28) que, pelos estilos e temas abordados, constituem as partes mais recentes do livro, que podem datar do período da vigência do pensamento helenístico, desde os séculos IV até o III a.C.

Contexto histórico e mensagem do livro

No prólogo do livro, Jó é apresentado como um homem opulento que perdeu tudo em um instante. Sem dúvida, o autor está relendo a história da elite social de Jerusalém que teve de abandonar todas as suas posses e, destituída de tudo, se viu deportada para a Mesopotâmia durante o tempo do Exílio na Babilônia no século VI a.C. O acampamento dos "ímpios" representaria a população que os israelitas encontraram no país quando retornaram da Babilônia no início do período persa (século V a.C.). O acampamento das "vítimas" não seria outro senão a comunidade piedosa de Jerusalém que retornaria a sua cidade. As pessoas que voltaram do exílio por razões principalmente religiosas prestaram grande atenção ao estudo da Torá, e em seguida ao culto no templo que foi reconstruído. No livro de Jó, tais pessoas são chamadas de "íntegras" (Jó 8,20) e "justas" (Jó 22,19). Ao mesmo tempo, se veem como pobres, vítimas da voracidade dos outros: suas casas e terras foram confiscadas pelos que permaneceram no país.

O livro de Jó tenta responder a esta pergunta central e universal: como podemos permanecer íntegros e justos na vida, mesmo quando estamos sujeitos a provações imprevisíveis e inexplicáveis? O sofrimento imerecido é um mistério e o longo silêncio de Deus permanece uma pergunta sem resposta. Devido ao mal sofrido, o ser humano é subitamente colocado diante do espelho de sua própria fragilidade e finitude, que lhe devolve uma imagem diferente daquela que conhecia até então. Contudo, também lhe envia uma nova imagem de Deus e da esperança que o crente ainda ousa colocar nele. Perante uma tragédia humana como esta, o que podem fazer os que são próximos, aqueles que se apresentam como consoladores? Ficar calados? Ficarão calados, pelo menos no início. Tomar a iniciativa de falar? Farão isso também, mas mais tarde. No entanto, na tentativa de abrir um diálogo com um homem tão dolorosamente provado em seu corpo, corre-se o risco de lhe causar mais sofrimento. E Jó não deixou de mostrar que sofria não só acossado pela provação que o afligia fisicamente, mas ainda mais pela incompreensão daqueles que deveriam ser seus amigos. Por fim, Jó pretendia voltar-se somente a Deus, buscando explicações para o seu mal. Ele o fez com força e convicção, não hesitando em convocar Deus à justiça. E Deus acabará por comparecer diante dele. Ele se apresentará livremente e lhe responderá, não menos energicamente, do seio da tempestade (Jó 38–42).

Além do drama pessoal sofrido por um homem inocente, o enredo principal do livro é, portanto, a relação justa da fé que Jó dedica a seu Deus. Este vínculo de fé às vezes passa pela prova de fogo: mediante a experiência do mal, o que quer o Senhor? Por que se esconde atrás de seu silêncio? A grande questão para Jó é entender quem é esse Deus que de repente parece tão distante e irreconhecível. É exatamente a mesma questão que se impõe a sobre entender quem é ele neste momento diante de Deus: um homem ferido, exposto perante Deus, cuja fé não será negada. Nesse aspecto, o livro de Jó é, de fato, a busca de um homem livre, confrontado contra tudo o que poderia imaginar, com a justiça desse Deus, cuja liberdade soberana será necessário descobrir.

Um drama sapiencial

Ao longo de quarenta e dois capítulos, o livro desdobra uma grande variedade de formas literárias: da narração à prosa, de diálogos a exortações, passando por poemas e sentenças, sem esquecer algumas invocações na forma de orações... Para além dessa variedade de estilos, qual é o gênero literário específico da obra de Jó? É difícil dizer isso de imediato. Tem-se considerado várias hipóteses. Por causa dos temas e do vocabulário usados, parece que estamos na presença de uma fábula filosófica ao modo das fábulas da Antiguidade, como as do poeta Píndaro (522-441 a.C.). Nesse sentido, o poema de Jó seria de natureza didática. O objetivo seria propor um ensinamento geral sobre a experiência do mal e do sofrimento. Mais precisamente, as conversas entre Jó e seus amigos seriam um diálogo de natureza filosófica, buscando encontrar a solução para um drama universal. De fato, surgem pontos comuns com as principais questões abordadas pelas antigas filosofias. Assim, Píndaro, seguindo Homero ou Hesíodo, insiste na onipotência da vontade dos deuses sobre o mundo e na impossibilidade para os homens de sondar seus propósitos, porque, diz ele: "os homens são uma raça, os deuses são outra" (Nemeia VI). Assim, na obra de Píndaro, Zeus é para toda a vida humana o mestre absoluto da alternância da alegria e do infortúnio: "Zeus às vezes dispensa o sucesso e às vezes o revés, Zeus, o mestre de todas as coisas" (Ístmica V). Mas a comparação com a obra de Jó termina aqui. O uso de uma linguagem mais simbólica que conceitual e o destaque dado aos diálogos e discursos impedem que ela seja reduzida a uma fábula propriamente dita.

Os confrontos vivos entre Jó e seus interlocutores convidam a ler o livro mais como um debate, ou mesmo como uma luta entre adversários que se confrontam no contexto de uma disputa literária que irá encerrar-se com um julgamento de Deus e uma reconciliação final dos protagonistas. É por isso que estaríamos, antes, diante de um processo jurídico. É verdade que, ao longo do trabalho, vão se delineando progressivamente as características próprias de uma ação legal, colocando Jó no papel de autor requerente, Deus na posição de acusado ou defensor e os amigos às vezes como juízes e às vezes como acusadores. Algumas passagens do livro de Jó apresentam realmente um aspecto judicial: "Ah! Quem me dará quem me escute? Eu me subscrevo: Responda o Poderoso! E o libelo escrito por meu adversário, vou exibi-lo posto no meu ombro, ornar-me-ei com ele por coroa. Dos meus passos vou dar-lhe conta e preparar-lhe acolhida principesca" (Jó 31,35-37). No entanto, uma vez que os supostos amigos de Jó são sobretudo os advogados de Deus, há, na verdade, apenas duas partes nesse julgamento: Jó e Deus. Muito provavelmente a metáfora clássica do julgamento deve ser substituída pela metáfora do litígio bilateral. Em qualquer caso, Jó renunciará às suas queixas, sem que um terceiro tenha de decidir entre ele e Deus. Além disso, o livro não corresponde realmente ao tipo de controvérsias judiciais que costumamos encontrar na Bíblia, especialmente nos livros proféticos onde o próprio Senhor toma a decisão de iniciar uma ação judicial contra seu povo, considerando o céu e a terra como testemunhas.

Talvez seja melhor abordar o livro de Jó como uma verdadeira tragédia, à maneira das tragédias gregas da Antiguidade. Tal leitura é concebível especialmente a partir das primeiras páginas do livro, por causa do caráter sombrio da abertura do drama. Um certo número de comentadores fez diversas tentativas de aproximação significativas entre o livro de Jó e as grandes tragédias gregas contemporâneas a ele: nomeadamente as de Ésquilo (525-456 a.C.), *Os persas* ou o *Prometeu acorrentado*; algumas de Eurípides (480-406 a.C.) ou a *Antígona* de Sófocles (495-406 a.C.). O esquema geral das tragédias gregas (prólogo, discursos, coroa) nos traz à memória a estrutura geral do livro de Jó (prólogo, diálogos, discursos, epílogo). Do mesmo modo, em termos de conteúdo, foram identificados vários temas comuns: o questionamento diante do sofrimento humano, uma visão trágica da existência, o confronto entre a ação divina e o livre arbítrio do ser humano face a seu destino. Mas aqui terminam os pontos de comparação.

Muitas diferenças substantivas nos impedem de ler Jó ao modo das tragédias gregas: se o Senhor se manifesta com força ao sábio "na tempestade", ele não é visto como um ser terrível como é Zeus, por exemplo, nas tragédias de Ésquilo; do mesmo modo, as provações sofridas pelos seres humanos, por mais cruéis que tenham sido, não alcançam o grau de horror daquelas de Jó; e mais, o final feliz ao termo do livro, em que Jó, reconciliado com seus amigos e com o seu Deus, tem restituído seus bens pessoais, impede definitivamente de se manter essa categoria literária. Por causa do pano de fundo da sabedoria inerente à tradição de Israel e suas muitas reminiscências semíticas, não parece que o livro de Jó tenha proveniência da literatura helenística. Nessas condições, deveríamos simplesmente admitir que essa obra deve ser lida como um drama sapiencial que trata de uma grande questão existencial, a saber, a injustiça causada pelo sofrimento do justo. Este drama, que se desdobra em torno do enredo do mal, dá lugar a uma série de palavras trocadas partindo de vários pontos de vista, pontuadas por algumas intervenções limitadas do narrador.

2
Resumo pormenorizado e estrutura do livro

Jó e seu mal

Das grandes tragédias que a humanidade tem experimentado, as de Jó não são as menos importantes. Aquele que é apresentado como um modelo de sabedoria, de repente conhece um infortúnio que nada pode explicar ou justificar. O livro de Jó abre-se com um longo prólogo em prosa de dois capítulos (Jó 1–2), nos quais são expostos os infortúnios de um homem rico e justo, a quem tudo ia muito bem até então, e que de repente se vê mergulhado na mais extrema miséria. Desde o início, o texto nos informa minuciosamente a causa e as circunstâncias deste drama. Com a permissão do Senhor, Satanás está na origem dessa mudança de situação. Desde o início, diante de Satanás que a empreende no céu, o Senhor está sendo edificado pela sabedoria de Jó (Jó 1,6-12; 2,1-7a). Ele assevera duas vezes que na terra não há ninguém igual a Jó (Jó 1,8; 2,3). É ele, portanto, o justo abençoado de Deus, que de repente se encontra lutando com um terrível infortúnio. E assim Jó se vê subitamente atingido em suas posses e privado do afeto de seus parentes por uma sucessão de desastres que se abate sobre ele abundantemente. Desde o início, nos é relatada uma série de massacres, um mais hediondo que o outro: servos e criadas chacinados, pastores e animais queimados, seus filhos e filhas mortos esmagados pela queda de sua casa (Jó 1,13-19). Que tragédia terrível, digna dos mais sórdidos filmes de terror! Mas não é tudo. Na continuação da leitura, logo se vê que mediante uma segunda série de provações o sábio é afligido em seu próprio corpo por uma úlcera maligna que o devora da cabeça aos pés (Jó 2,7-10). Eis então Jó, sentado na cinza, com um caco de telha na mão para coçar as feridas. Que triste destino!

Diante de tal estado de decadência, o que fazer? Como reagir? Submeter-se? Revoltar-se? Em caso afirmativo, contra quem? Contra si mesmo, contra os outros, contra Deus? A atitude de Jó é das mais surpreendentes: "Em vez de reclamar, ele continua a abençoar a Deus, pelo menos inicialmente: o Senhor deu, o Senhor tirou, bendito seja o nome do Senhor!" (Jó 1,21). Sobretudo, é notável que, mesmo que nem sempre bendiga o Senhor, em nenhum momento Jó irá amaldiçoá-lo diretamente: "Se acolhemos a felicidade como um dom de Deus, como não podemos aceitar a infelicidade da mesma maneira!" (Jó 2,10). No entanto, faltou pouco para que blasfemasse, em tantas oportunidades, começando pelas repetidas provocações de Satanás, transmitidas pelas desastrosas exortações da esposa: "Amaldiçoa a Deus e morre!" (Jó 2,9). É assim que aprendemos, de passagem, que ela é a única a ter sido poupada pela tragédia com seu marido, mas para que benefício! No fundo, exceto Deus, Jó pode confiar apenas em si mesmo. Por ora, ele parece estar sozinho para carregar o peso dessa provação, pelo menos aparentemente, não se levando em conta a presença dos amigos que também foram mantidos afastados da tragédia. Assim, somos prontamente informados de que três deles vieram ao encontro de Jó: Elifaz de Temã, Bildad de Suás e Sofar de Naamat (Jó 2,11-13). Como souberam das notícias? Não sabemos. Só nos dizem que vão se encontrar com seu amigo *para lhe trazer condolências e confortá-lo* (Jó 2,11). Serão realmente bem-sucedidos?

A reação de Jó

Diante da avalanche de infortúnios que o oprimiam, Jó não se deixou abater. Sentado em seu monte de cinzas, com um caco de telha em sua mão, Jó finalmente começou a falar, após sete dias e sete noites de silêncio. O tom de suas observações mudou completamente em comparação com a serenidade das primeiras reações. De modo muito convicto, Jó jurava a qualquer um que ainda quisesse ouvi-lo que ele era completamente inocente em relação ao que estava acontecendo a ele. Por meio de um longo monólogo (Jó 3), o sábio toma a palavra para se interrogar sobre o sentido de sua vida: por quê? Ele começa a atacar primeiro o dia em que o viu nascer: "por que o dia?" (Jó 3,4-10), depois amaldiçoa a noite em que foi concebido: "por que a noite?" (Jó 3,11-16). O que era para ser dia é apenas noite, e o que era para ser felicidade é apenas infindável infortúnio e sofrimento sem nome. É o mundo de pernas para o ar! A vida aparece para ele apenas um vasto campo de ruínas (Jó 3,17-26). Então, quem pode tirá-lo de uma crise dessas? Seus amigos? Ali estão eles, sentados a seu lado. Mas não disseram nada até agora. Será que podem fazer alguma coisa por ele? Isso nos será dito pela longa série de intervenções que se seguirão.

Por meio de três ciclos de discursos (Jó 4–14; 15–21; 22–27), os três sábios tomam a palavra um por vez. Diante de seu amigo abatido, eles se esforçam de toda maneira para reafirmar um princípio tradicional da sabedoria que aprenderam com seus mestres, o princípio da retribuição divina. Se Jó chegou a isso, é porque no fundo de si ele escondia uma falha não confessada e que naquele momento Deus estaria punindo. Cada um por sua vez desdobra seus argumentos (Jó 4-5; Jó 8; Jó 11). Assim, segundo eles, Deus sempre reprime os ímpios (Jó 4,7). Por outro lado, o justo é constantemente recompensado por sua fidelidade, porque "Deus não rejeita o homem íntegro, não dá guarida aos ímpios" (Jó 8,20). Assim, a conclusão de cada uma de suas proposições é inequívoca: afligido pela desgraça, Jó só podia ser culpado de uma falha cometida no passado, fosse ela conhecida ou dissimulada por ele. Se estava sofrendo tanto, era porque tinha algo a ser censurado, uma culpa a pagar. É essa culpa que convinha fazê-lo confessar publicamente, e então tudo iria melhorar: "Pois já não pensarás no que sofreste; [...]. A vida se erguerá mais radiosa que o meio-dia, a escuridão se transformará em aurora" (Jó 11,16-17).

Jó termina contrapondo-se a cada um de seus amigos com respostas bem fundamentadas. Mas seu raciocínio é diferente daquele dos sábios. Ele não começa com uma verdade pronta ou uma lição aprendida de cor. Jó parte dele, de sua própria observação e de sua experiência de vida: "Mas também eu, como vós, tenho entendimento; não sou inferior a vós! Quem não dispõe de argumentos semelhantes? Quem é escarnecido, como eu, por seus amigos, invocará a Deus e ele o ouvirá, pois é a integridade do justo que é escarnecida" (Jó 12,3-4). E, então, ele os convida a ouvirem sua queixa: "Prestai ouvido à minha defesa, ao pleito de meus lábios, atenção" (Jó 13,6). Para defender seu ponto de vista, Jó não diminui sua dor. Se ele reconhece que o homem é indigno diante de Deus, recusa suas alegações sobre a felicidade dos justos e o castigo dos ímpios. Em geral, não tem papas na língua em relação a eles: "vocês são apenas forjadores de mentiras, não passais de curandeiros de nada" (Jó 13,4); "Repetis à exaustão máximas de cinza, torres de argila são vossas defesas!" (Jó 13,12). Assim, os argumentos vão continuar contrapondo-se, de ambos os lados, durante os dois ciclos de discursos (Jó 15–21; 22–27) que se seguem: "E agora, todos vós, voltai, vinde: Não acharei nenhum sábio entre vós" (Jó 17,10); "Seria abominação dar-vos razão! Até expirar, sustentarei minha inocência" (Jó 27,5). E assim por diante...

Não conseguindo obter respostas satisfatórias de seus supostos amigos, Jó decide começar um diálogo face a face com Deus, pedindo explicações diretamente a ele. Mesmo que ainda se preocupe em continuar a responder a seus amigos, escolhe voltar-se para Deus apelando para suas boas lembranças: "Lembra-te: minha vida é um sopro apenas; meus olhos não voltarão a ver ventura" (Jó 7,7). Mas não fica por aí. Em várias ocasiões, o sábio procura discutir abertamente com Deus, proclamando perante ele sua inocência (Jó 7,8-21; 9,27–10,22; 13,20–14,22). Mais ainda, à medida que vai lhe falando, Jó também se interroga a respeito de Deus. Ele se atreve a dirigir-se a ele diretamente para fazê-lo perceber que, a seu ver, Deus já não parece mais ser amável. Ele doa a vida, é verdade, mas no final das contas este dom não é tão reconfortante: "Acaso parece bom que me oprimas e me calunies a mim, obra de tuas mãos, e favoreças os desígnios dos perversos?" (Jó 10, 3). Certamente, o sábio não se opõe frontalmente a Deus, correndo o risco de blasfemar e talvez até o negar provando que Satanás teria razão! Ele apenas critica a obra de Deus, que, de seu ponto de vista, em diversos sentidos parece ser incoerente (Jó 12,14-25).

Em relação ao próprio infortúnio, Jó reprova a Deus por fazer jogo duplo com ele, tendo a desagradável impressão de que o Deus que criou o ser humano, naquela ocasião ousava atacar sua própria criação! Aquele que o moldou como argila, força-o a tornar-se pó novamente (Jó 10,8-9). De certa forma, Jó queixa-se do distanciamento de Deus, de sua indiferença, de sua inacessibilidade. Em certo ponto, suas palavras também carregam certa ambivalência em relação ao Senhor. Ele o considera muito próximo e muito distante, reconhecendo sua própria impotência diante da ação de Deus (Jó 13,20-22). Pior, do ponto de vista humano, o criador parece ter mudado fundamentalmente seus planos. Antigamente ele era bom; e na situação vivida por Jó, diante do sofrimento de um inocente, perguntamo-nos: onde foi parar sua bondade originária? No fundo, Jó não pode deixar de pensar que o próprio Deus teria mudado suas intenções originárias: "Por que desvias tua face e me tomas por inimigo?" (Jó 13,24).

Ao convocá-lo para responder às suas perguntas, Jó está procurando nele um culpado (Jó 14,13-17). É por isso que quer comparecer diante de Deus para defender sua causa, fazer triunfar sua inocência e ver finalmente ser restabelecido seu direito. É neste desejo de confronto franco com seu Deus que

Jó vive a fé. Assim, apesar das aparências, a reação de Jó ao sofrimento não é totalmente desoladora. Contudo, ao longo de sua queixa, ouvem-se também palavras de esperança.

Palavras de esperança

O Jó que fala é um homem sofredor, afligido, devastado, mas que ainda não está às portas da morte. Começam a aparecer sinais visíveis de uma esperança no coração de suas mais radicais recriminações contra seus amigos e contra seu Deus. No ponto mais alto da tragédia que o aflige, mesmo em seu corpo, surge nele um sentimento de que não pode ser abandonado (Jó 16,12-17). Aos poucos, o sábio adquire a convicção de fé de que o Deus que o golpeia é também o único que pode salvá-lo. Se ele sofre um infortúnio, Deus é responsável por isso. Ao mesmo tempo, apela para uma testemunha no céu que possa defender seu caso e intervir imparcialmente no processo que quer instituir contra o seu Deus (Jó 16,18-22). Finalmente, a seus olhos, Deus seria ambivalente: acusador e defensor. Seja como for, o homem que está passando por essa provação acredita que alguém lá em cima está disposto a defender sua causa. Aquele que até então se mostrava como inimigo torna-se a seus olhos um aliado, um defensor. No conflito aberto entre ele e Deus, dá-se uma espécie de reversão: o vingador torna-se um defensor, o perseguidor torna-se um salvador (Jó 19,23-27). Por meio de seu processo contra Deus, Jó ainda acredita que, em última análise, Deus continua a ser o único amigo capaz de resolver esse impasse. Essa é a razão pela qual o sábio concorda em confiar nele, mesmo antes de seu sofrimento ter recebido qualquer explicação. Essas palavras de esperança, que constituem as páginas mais belas do livro de Jó, apressarão o tão esperado confronto com seu Deus.

Antes de chegarmos a este ponto, o poema do capítulo 28 sobre a sabedoria inalcançável traz uma meditação sobre a sabedoria divina, que irá colocar um ponto final na controvérsia entre Jó e seus amigos. Uma coisa é certa: a sabedoria de Deus é inacessível ao homem. Frente a ela, a sabedoria humana não tem comparação. Nem a técnica nem a riqueza podem fazer algo a respeito (Jó 28,1-11). Na terra, ninguém pode saber o caminho (Jó 28,13). Só Deus é capaz de nos fazê-lo descobrir (Jó 28,23). Esse capítulo, que é provavelmente um acréscimo tardio à obra inicial, relativiza a inocência de Jó e introduz o longo monólogo que se segue (Jó 29-31). O sábio lembra-se da felicidade dos tempos de outrora, quando lavava seus pés na coalhada e a rocha manava torrentes de azeite (Jó 29,6). Uma situação bem diferente da angústia em que se encontra, ele, que passou a ser motivo de riso para todos (Jó 30,1-15) e só conhece dias de aflição (Jó 30,16-31). Aproveita a oportunidade para fazer um último apelo a Deus, pedindo que lhe responda de uma vez por todas: "Quem me dará quem me escute?" (Jó 31,35). Será que Deus finalmente vai aparecer? É bem possível, mas é preciso ainda esperar mais um pouco. Por hora, é outro personagem que entra em cena a partir do capítulo 32, Elihu. Ninguém estava à espera dele. Quem é este? Até esse ponto da obra, sua presença ainda não fora anunciada. Seu nome judaico atesta que ele não vem das mesmas regiões que os amigos de Jó. Comparado com os outros personagens que transmitiam uma sabedoria que se dizia ser universal, Elihu encarna a sabedoria de Israel em todo o seu esplendor. Ele vem lembrar a Jó e a seus companheiros, em alto e bom som, da sabedoria de seus pais na fé. E não o faz sem certos preâmbulos. Em um longo discurso de seis capítulos (Jó 32–37), Elihu vai acertar contas com todos os atores do debate: ele ataca tanto Jó, que se esforçava para defender sua inocência (Jó 33), quanto seus três amigos que realmente não conseguiram desculpar a Deus (Jó 34). Elihu não dá razão a Jó nem a seus amigos, mas apenas a Deus, de cuja justiça ele recorda (Jó 35–37). Ao rechaçar Jó e seus amigos, Elihu nos prepara para receber o discurso divino que constitui o ponto alto de todo o livro.

Frente a frente com Deus

O Senhor finalmente fala com Jó. Mas isso não representa o fim das surpresas de Jó. De fato, quando fala com ele, o Senhor não lhe responde exatamente como ele esperava (Jó 38–42,6). Sua intervenção não se destina a submeter-se às injunções do sábio, mas, pelo contrário, a ajudá-lo a redirecionar seu olhar, fazendo-o rever toda a criação do mundo. Mediante exemplos bem escolhidos, o Senhor busca mostrar a Jó os fundamentos e a amplitude de sua sabedoria, para colocá-lo de volta em seu devido lugar na criação. E a proposta será bem-sucedida, porque no final de cada um dos dois discursos Jó lhe responderá breve e humildemente. Por duas vezes vai reconhecer ter sido pressuroso ao falar (Jó 40,3-5; 42,2-6).

Além disso, se Deus acaba intervindo na conversa, não primordialmente para retomar ponto por ponto cada uma das múltiplas questões levantadas por Jó. O projeto divino é maior que isso. Ele propõe-se a tirar Jó de seu mundo. No primeiro discurso (Jó 38–39), o Senhor quer que Jó faça uma visita guiada à criação. Ele pretende abrir seus olhos, mostrando-lhe o que ele tem feito de belo e de bom no mundo: do céu à terra até o que há nos abismos da terra (Jó 38,1-11). Seja o que for que Jó esteja pensando, nada pode escapar ao plano divino e nisso Deus é realmente sapientíssimo. Há uma coerência geral no universo, mesmo que o significado de cada coisa em particular escape a ele em grande parte (Jó 38,12-38). Tudo está nas mãos do criador, mesmo que este domínio não exclua aqui ou ali uma grande liberdade de criaturas. Ao retirar Jó de seu próprio mundo para introduzi-lo num mundo maior – o da ordem universal da criação – o Senhor toma o homem sábio como testemunha, mostrando-lhe o quão ordenado e coerente ele tem sido desde o início da criação. Agora é a vez do Senhor questionar Jó: Você conhece? Pode dizer? Quem fez isto? Sabias disso? Diz-me, se sabe...

O discurso divino assume a forma de um processo de julgamento invertido. O que o Senhor quer é mostrar que o homem não está à altura da inteligência e do saber-fazer divinos. Desse modo, o Senhor se apresenta a Jó como um verdadeiro sábio: não o acusa diretamente, não se dirige a ele para confundi-lo; pelo contrário, irá educá-lo. Mostra em que pontos Jó foi imprudente em suas recriminações. Por isso, convida-o a iniciar um debate com ele, ou melhor, a se envolver em uma luta de um verdadeiro corpo a corpo: "Cinge, pois, como um valente os teus rins, vou te interrogar e tu me ensinarás" (Jó 38,3; 40,7).

Se o Senhor intervém nessa luta, não responde diretamente às acusações feitas por Jó: Ele o convida a ir além da superfície de seu mal. Ele lhe propõe que posicione o campo de sua reflexão não mais dentro dos limites de sua existência infeliz, mas no vasto horizonte do cosmos, do qual o Senhor é o único mestre do tempo e da história. É por isso que o criador vai falar com ele quase exclusivamente sobre o cuidado que tem em manter a harmonia no cosmos e o ritmo de vida dos animais: dos leõezinhos, dos filhotes de corvo, das corças, do jumento selvagem, do avestruz batendo suas asas, da pluma e da pena da cegonha e do gavião (Jó 38,39–39-30).

No segundo discurso (Jó 40,7-41), o Senhor retoma o tema da coerência global do universo, especialmente mostrando o modo como domestica as mais monstruosas criaturas do mundo animal, seja o golpe das ancas selvagem [hipopótamo] (Jó 40,15-24) ou a terrível mandíbula do sinuoso [crocodilo] (Jó 40,25–41,3). Essa argumentação será suficiente para que Jó se convença?

Consciente de não estar à altura do seu criador, Jó finalmente se curva diante da majestade da obra divina. Ele aquiesce em tornar-se pequeno e até em calar-se. Assim, repensando tudo que dissera até então sobre Deus e sua criação, confessa ter falado demais e não ter falado direito. Tendo-se considerado o próprio criador sem o saber, admite ter ido longe demais na crítica. No final dos dois discursos divinos, ele concorda em retornar a seu lugar correto como um servo de Deus (Jó 40,4-5; 42,2-6). Mas, a essa altura, o enigma do mal já fora resolvido? Se todas as perguntas feitas por Jó não são resolvidas (longe disso!), deve-se admitir que o diálogo com seu Deus o libertou da pretensão de querer entender tudo e de querer explicar tudo. É assim que o Senhor reconhecerá em Jó um de seus aliados mais fiéis. Diante de seus supostos amigos, o Senhor acaba por justificar a atitude de Jó, que falou bem dele (Jó 42,7-9). Por ter permanecido firme na fé em seu Deus, Jó é abençoado, e por fim recebe bens em maior número do que já possuía antes: gado em abundância, uma grande família (Jó

42,10-17). Jó não pediu nem sequer esperava esses benefícios. Eles nem sequer lhe foram prometidos por Deus, contudo são oferecidos a ele por pura graça e servem para lhe proporcionar paz de coração e bom ânimo. Assim termina o livro, em uma reconciliação geral com todos os seus amigos e em uma grande intercessão de Jó em favor deles. Mas, no final das contas, o enigma do mal se mantém intacto.

Uma obra estruturada por diferentes intervenções de fala

O plano do livro segue uma trama bem estruturada: a de um homem sábio que tem tudo para ter sucesso na vida e que experimenta a decadência. A partir daí, os quarenta e dois capítulos do livro articulam-se em torno de elementos literários mais ou menos compostos: uma narração (prólogo/epílogo); dois monólogos de Jó (Jó 3; 29–31); três ciclos de diálogos entre Jó e seus amigos (Jó 4–27); um poema sobre a sabedoria inacessível (Jó 28); os discursos de Elihu (Jó 32–37); uma teofania formada pelos discursos do Senhor; e as respostas de Jó (Jó 38–42). A estrutura do trabalho pode, assim, ser desenvolvida a partir dessas diferentes abordagens:

Jó 1–2	Prólogo: a intervenção de Satanás com a permissão divina, as provações de Jó e a chegada dos amigos
Jó 1,1-5	Na terra: a virtude de Jó
Jó 1,6-12	No céu: primeiro conselho divino

Jó 1,13-22	Na terra: primeira série de provações de Jó
Jó 2,1-7a	No céu: segundo conselho divino
Jó 2,7b-10	Na terra: segunda série de provações de Jó
Jó 2,11-13	Chegada dos três amigos: Elifaz, Bildad e Sofar
Jó 3	**O monólogo de Jó: questionamento radical da sua existência**
Jó 3,1-10	Jó amaldiçoa o dia de seu nascimento e a noite de sua concepção
Jó 3,11-19	Por que não estar morto desde o nascimento?
Jó 3,20-26	Por que dar à luz a um infeliz?
Jó 4–27	**Três ciclos de diálogos entre Jó e os três amigos, crítica do princípio da retribuição divina**
Jó 4–14	Primeiro ciclo de diálogos
Jó 15–21	Segundo ciclo de diálogos
Jó 22–27	Terceiro ciclo de diálogos

Jó 28	**Poema sobre a sabedoria inacessível**
Jó 28,1-12	A sabedoria inacessível ao homem
Jó 28,13-20	Um valor inestimável
Jó 28,21-28	A sabedoria conhecida apenas por Deus
Jó 29–31	**Monólogo de Jó: queixa e apologia de Jó**
Jó 29	Lembrança da felicidade do passado
Jó 30	Evocação da angústia atual
Jó 31	Apologia de Jó
Jó 32–37	**Discurso de Elihu: lembrança da sabedoria de Deus**
Jó 32	Razões para uma intervenção da sabedoria de Israel
Jó 33	Críticas à presunção de inocência de Jó
Jó 34	Falha dos três sábios em desculpar a Deus
Jó 35	Deus não é indiferente aos assuntos humanos

Jó 36,1-21	Verdadeiro significado dos sofrimentos de Jó
Jó 36,22–37,24	Hinos à sabedoria todo-poderosa
Jó 38–42,6	**Discursos divinos e respostas de Jó**
Jó 38,1–40,2	Primeiro discurso divinos: a sabedoria criadora de Deus
Jó 40,3-5	Primeira resposta de Jó
Jó 40,6–41,26	Segundo discurso divino: o controle de Deus sobre as forças do mal
Jó 42,1-6	Segunda resposta de Jó
Jó 42,7-17	**Epílogo: restauração de Jó em suas relações e em seus bens**
Jó 42,7-9	Reprovação dos três sábios
Jó 42,10-17	Recuperação da fortuna de Jó

3

Uma obra literária

O livro de Jó desenrola-se em torno de uma trama: um homem justo a quem tudo ia bem na vida, de repente se vê envolvido num drama terrível, sem qualquer preparação ou justificativa. No desenvolvimento do livro, essa situação será enriquecida com várias contribuições literárias que alimentarão o debate travado sobre o enigma do mal. Na leitura dos quarenta e dois capítulos, percebe-se, na verdade, que o trabalho é articulado em torno de vários elementos compostos: uma narração incluindo um prólogo (Jó 1–2) e um epílogo (Jó 42,7-17); dois monólogos de Jó (Jó 3; Jó 29–31); uma série de diálogos entre Jó e seus amigos (Jó 4–27); um poema sobre a sabedoria inacessível (Jó 28); um discurso de Elihu, sábio de Israel (Jó 32–37). E tudo isso é coroado por uma manifestação divina, incluindo os discursos do Senhor e as respostas de Jó (Jó 38–42,6).

Uma narrativa marcada pela tragédia

O livro inicia com um conto narrando uma tragédia bastante improvável. Um homem justo e piedoso de repente vem a conhecer a mais extrema angústia: seus filhos abatidos, suas manadas dizimadas, seus bens dilapidados. O que houve? Quem fez isso? Pela apresentação de uma ficção literária, o leitor é informado que é Satanás, no céu, que está na origem desta mudança abrupta de situação. No entanto, apesar da provação, Jó não se deixa abater. Ele não muda seu modo de proceder e permanece firme em sua fé. Apesar das tentações, ele se recusará a falar mal de Deus. Por isso, ele será restabelecido em seus bens junto aos parentes e amigos. Ei-lo doravante cheio de bênçãos entre os seus. Tudo está bem quando acaba bem. Mas a atitude de Jó não é algo que todo mundo possa alcançar. De tanto se mostrar virtuoso, mesmo nas provações mais atrozes, será que Jó ainda é humano?

Este relato, que corresponde às camadas mais antigas do livro, vem certamente das histórias tradicionais transmitidas pelos sábios do deserto que contam os contratempos de um homem justo que, apesar de tudo, se mantém fiel a Deus. É acompanhado por um longo poema que abre uma reflexão sobre a decadência do justo. Ali se faz ouvir uma longa lamentação, parecida com a do profeta Jeremias (Jr 20,14-18) ou do livro de Lamentações (Lm 2–3). À velha narrativa popular se incorpora uma nova abordagem que busca contestar o princípio da retribuição. A realidade da vida mostra que os justos não são automaticamente recompensados por sua prática da justiça. Alguns deles, como Jó, experimentam degradação física e psicológica. E esta é fonte de grandes perguntas e ásperos debates que alimentarão uma reflexão sobre o mal e a desgraça sofridos por seres inocentes.

Um livro bem estruturado

Um prólogo

O livro começa com um prólogo em prosa (Jó 1–2). Os dois primeiros capítulos contam a história de um homem rico que gradualmente recai na miséria. No entanto, ele permanece firme na fé. Ao final do livro, o epílogo revela como este homem provado é finalmente restaurado por Deus (Jó 42,6-16). Após a apresentação da situação, começa o debate sobre a justiça e o mal. Ele confronta vários interlocutores que falarão sem realmente entenderem uns aos outros.

Ciclos dos discursos

Em princípio, Jó começa a falar para atacar o dia que o viu nascer. Em um monólogo doloroso, lamenta amargamente ter conhecido a vida (Jó 3). Três de seus amigos se juntam a ele: Elifaz, Bildad e Sofar revezam-se falando para tentar raciocinar com Jó, não conseguindo consolá-lo. E após a intervenção de cada um deles, Jó irá responder. Os diálogos seguem-se em três ciclos de discursos: primeiro ciclo (Jó 4–14), segundo ciclo (Jó 15–21), terceiro ciclo (Jó 22–27). Apoiados em argumentos, cada um dos amigos persiste em defender a tradicional tese da retribuição, segundo a qual os justos são recompensados, enquanto que os ímpios são punidos. Se Jó se encontrava naquela situação, seria por esconder uma falha que Deus conhecia e estava punindo. Em vez de ficar ao lado de Jó como verdadeiros amigos, sem se se dar conta, tomam a defesa de

Deus, arrogando-se o direito de falar por ele. Ao final, Jó pede para falar diretamente com Deus para reivindicar sua inocência (Jó 7,7-21; 9,27–10,22; 13,20–14,22). Em várias ocasiões, insiste claramente pedindo que Deus venha lhe dar alguma explicação.

Mas Jó ainda não se rende. Ele fala mais uma vez tentando se explicar. Por meio de um longo monólogo (Jó 29–31), expressa seu pesar pela felicidade do passado (Jó 29), comparando-a com a angústia em que se encontra (Jó 30). Isso não o impede de falar com Deus repetidamente sobre sua situação. Será que o Senhor acabará por ouvi-lo? No entanto, isso não impede que por diversas vezes ele lance um grito de esperança a seu Deus que não vai abandoná-lo.

Outro homem sábio toma a palavra. Até então, ninguém sabia quem ele era. Elihu, um jovem sábio de Israel que ouviu tudo desde o início, profere a Jó e seus companheiros um discurso fluente, lembrando-os da sabedoria de todos os tempos (Jó 38–42). O propósito de sua colocação é claramente desculpar a Deus. Na medida em que condena Jó e seus três amigos, esforça-se para justificar a conduta de Deus, defender o valor educacional do sofrimento e louvar a sabedoria. Ao fazer recuar Jó e seus amigos, a palavra de Elihu é um preparativo para a recepção da palavra de Deus, que vem revelada em uma grandiosa teofania.

Um poema

O curso dos diálogos é interrompido para dar lugar a um louvor à sabedoria (Jó 28) que toma a forma de uma meditação de vinte e oito versos sobre a sabedoria inatingível. Só Deus é capaz de dar a sabedoria que se deve buscar. Sobre a terra, ninguém pode afirmar conhecer por si mesmo o caminho da sabedoria, mesmo que se esforce para procurá-lo à custa de longos esforços. Nem a ciência, nem a técnica, nem a riqueza podem fazer nada em relação a isso. Diante dessa sabedoria divina, qualquer pretensão humana está fadada ao fracasso. Resta apenas confiar em Deus numa atitude de respeito e aceitação.

Uma teofania

O Senhor se manifesta para Jó na tempestade. Essa manifestação se desenrola em duas fases: Jó 38,1–40,2; Jó 40,6-26. Os dois discursos que ele faz são uma resposta ao pedido solene de Jó, pedindo para que Deus se manifeste a ele. Em suas palavras, Deus passará em revista o mundo com tudo o que ele contém: os elementos da criação e também os animais. No final dessa grande exposição, Jó vai reconhecer seus erros. Diante do espetáculo do mundo, Jó só pode culpar a si mesmo. No entanto, no final das contas, Deus não vai responder diretamente às perguntas feitas por Jó. Só o fará revisitar sua obra cósmica para mostrar que ele continua a ser o mestre do mundo. Por duas vezes, Jó vai reconhecer ter sido pressuroso ao falar (Jó 40,3-5; 42,2-6).

4

A fé à prova do mal

Tema 1

Após a apresentação do personagem Jó, com suas qualidades humanas e sua fé em Deus, mediante o formato de uma ficção literária, o livro irá nos remeter a uma dupla visão de mundo, no céu e na terra, com seus atores próprios e suas lógicas distintas. O ponto de contato entre esses dois mundos ocorre pela intromissão de um personagem maligno, Satanás, que *vagueia e caminha pela terra* (Jó 1,7). É precisamente Satanás quem está na origem dos problemas que vão se abater um após o outro e abundantemente sobre o pobre Jó. Mas quem é Satanás e de onde ele veio?

Satanás e seus truques

Na tradição bíblica, o termo "Satanás" expressa inicialmente uma ação, a saber, aquela que visa opor-se, atacar, contradizer ou até mesmo acusar alguém. Inicialmente este termo é usado como um substantivo comum, denotando aquele que se opõe a outro, portanto, o inimigo, o adversário. Assim, no 1º livro dos Reis, Hadad, o edomita, é apresentado como satanás, o adversário de Salomão (1Rs 11,14). Da mesma forma, no saltério de Davi o homem que ora às vezes é confrontado com seu adversário satanás (Sl 109 (108),6). Somente a partir do século IV a.C. o termo satanás tornou-se nome próprio de uma pessoa em sentido pleno, como ocorre no 1º livro das Crônicas: "Satanás se levantou contra Israel e incitou Davi a fazer a contagem dos Israelitas" (1Cr 21,1). Às vezes, como é o caso no livro de Jó, satanás designa a função especial de um ser celestial, a de ser um acusador diante de Deus. Com o satanás do prólogo, estamos apenas no início desta evolução. A ideia de um ser demoníaco opondo-se abertamente a Deus só aparecerá mais tarde no judaísmo. Isso se manifestará, por exemplo, no livro do profeta Zacarias (Zc 3,1-3).

No livro de Jó, se Satanás prova o ser humano, ele não se declara abertamente inimigo de Deus. Ele é apresentado como um membro da Corte Celestial e, portanto, permanece sujeito a Deus. Seu papel consiste em tentar testar a fidelidade do crente a seu Deus. A presença de Satanás, portanto, responde a uma grande preocupação na época: atenuar a responsabilidade do Senhor nas provações sofridas repentinamente por seus fiéis. Seu papel permanece definitivamente episódico, visto que não volta a aparecer na cena final do epílogo do livro (Jó 42,7-17). Apesar disso, não deixa de ser ele, Satanás, a causa dos problemas suportados pelo pobre Jó. O leitor o sabe desde o início, mas o próprio Jó não o sabe.

Do início ao fim das catástrofes, uma pergunta permanece: como Jó vai continuar a falar sabiamente de Deus no sofrimento? O autor do livro descreve as tragédias sofridas por Jó por meio de cenas curtas e muito concretas que alternam as provações vindas dos seres humanos com as que vêm dos elementos da natureza: os sabeus, o fogo de Deus, os caldeus, o vento do deserto... Diante dessas sucessivas tragédias, Jó fala pouco e, quando fala, isso se dá sempre ao final da série de infortúnios. As provações são enumeradas objetivamente no estado bruto, e não por meio de consequências produzidas na consciência de quem as sofre. Após o relato de cada uma das catástrofes que atingem seus bens, seus relacionamentos e seu próprio corpo sucessivamente, a reação de Jó se limita a ações: "Então Jó se levantou, rasgou seu manto e raspou a cabeça. Depois lançou-se por terra, e prostrado em adoração [...]" (Jó 1,20). As primeiras palavras que se seguem não deixam nenhum vislumbre do que ele está experimentando internamente: "Nu saí do ventre de minha mãe, nu para lá hei de voltar. O Senhor deu, o Senhor tirou. Bendito seja o nome do Senhor" (Jó 1,21). Mais tarde, na segunda provação, acontece o mesmo: "Jó pegou um caco de telha para se coçar e se sentou sobre as cinzas" (Jó 2,8). Ele só vai deixar transparecer um pouco de emoção ao responder à provocação feita pela mulher: "Falas como uma tola. Sempre aceitamos a felicidade como um dom de Deus. E a desgraça? Por que a aceitaríamos?" (Jó 2,10). No final das contas, nada pode desviar Jó da integridade de sua fé em Deus. E, de fato, no epílogo do livro (Jó 42,7-17), o Senhor acabará dando razão a Jó, "seu servo". Se as provações são reais, suas consequências são irrefutáveis para qualquer um. As peripécias passageiras não serão suficientes para colocar Jó contra seu Deus, pelo contrário. A ideia de uma aposta celeste sugerida pelo Senhor com toda a corte celestial não consegue diminuir a determinação de Jó em sua fé em Deus. Se Jó não sabe o que está acontecendo no céu entre o Senhor e Satanás, por seu lado o narrador já nos adianta algumas chaves que nos permitem decifrar, por meio das provações sofridas, os sinais da fidelidade de Deus para aquele a quem ele chama *meu servo* (Jó 1,8; 2,3). De antemão, o leitor já suspeita que mais tarde tudo irá voltar ao normal, de modo que a própria provação injustificada acabará se transformando num aumento da glória de Deus e na felicidade recuperada do homem. Isso significa que toda a tragédia do ser humano que luta contra o mal é sustentada pela expressão de uma fé infalível em Deus.

A primeira provação de Jó (Jó 1,6-12)

Era uma vez... quando tudo estava indo bem para Jó e sua família, vem a notícia de um evento inesperado que causará repentinamente o colapso da bela harmonia familiar, instaurando um verdadeiro caos, abalando tanto os bens do sábio como a vida de seus familiares. O livro nos diz que virá um "dia" que vai decidir os outros dias, especialmente aqueles em que os filhos de Jó estavam celebrando (Jó 4-5). Este evento sinistro que acontece no céu entre os membros da corte celestial começa com um diálogo entre o Senhor e Satanás. O conteúdo do diálogo entre eles não é algo de inofensivo: "reparaste em meu servo Jó? Não há outro igual a ele na terra" (Jó 1,8). As palavras do Senhor são destinadas a destacar as notáveis qualidades humanas de Jó, um homem íntegro e direito, que teme a Deus e se afasta do mal. O propósito da observação divina é tanto enfatizar a extraordinária sabedoria de Jó, quanto interrogar, em forma de questionamento, a ligação aparente entre sua prosperidade infalível e suas virtudes pessoais. Com esta pergunta proposta pelo Senhor, Satanás aproveita a oportunidade para se intrometer nessa questão. Como resultado, a sabedoria de Jó, que até então parecia intocável, começa gradualmente a se romper por causa das suspeitas de favoritismo pelo qual poderia ter se beneficiado da parte do Senhor. Além disso, para ter um coração limpo, Satanás é autorizado a intervir nos assuntos pessoais de Jó. Mas seu poder não é absoluto. Sua intervenção só é permitida dentro dos limites estritamente atribuídos a ele: atacar apenas os bens de Jó e não diretamente sua pessoa. Em seguida, logo se constata, sobre a terra, que quatro calamidades se abatem repentinamente sobre ele. Elas se dão num movimento crescente: primeiro o gado grande, depois o pequeno, em seguida os servos, os filhos e as filhas de Jó. Estas tragédias, totalmente incompreensíveis, destroem tudo o que Jó foi edificando gradualmente por sua sabedoria: tanto suas riquezas e seus instrumentos de trabalho, quanto a harmonia familiar.

Oprimido por provação tão repentina, Jó não desanima. Dentro de si, ainda encontra recursos internos para fazer frente a tudo isso. E o faz mediante a dupla reação em palavras e atos. Ele rasga suas roupas e raspa a cabeça em sinal de luto, depois prostra-se, bendizendo o Senhor. Assim, ele ressalta a liberdade soberana de Deus, que dá e toma de volta, assim como o livre arbítrio do homem, que decide bendizer o senhor por seu destino. A primeira provação se encerra com esse consentimento à liberdade soberana de Deus. Ao contrário das previsões de seus detratores, Jó não amaldiçoou o Senhor: "Em tudo isso, Jó não pecou. Não atribuiu a Deus nada de indigno" (Jó 1,22). A honra do justo está salva. Jó, que triunfou sobre a provação, permanece fiel à sua reputação como um homem sábio e crente. Então a iniciativa celestial falhou. Mas não há razão alguma para se alegrar antes da hora! Se Satanás perdeu sua aposta miseravelmente, ainda não perdeu o jogo. É ele mesmo que vai estar na origem da segunda prova suportada por Jó.

A segunda provação de Jó (Jó 2,1-10)

E dupla! Apesar do fracasso da primeira tentativa, Satanás ataca novamente. A prova, que é seu pedido dirigido ao Senhor, sobe um degrau, pois agora ele pede autorização para atacar Jó pessoalmente, ferindo seu corpo. Satanás persiste e sinaliza o que vai fazer em seu empreendimento maligno. De certa forma, Jó ainda é muito rico a seus olhos, visto ainda dispor de pele e ossos. Satanás agora pretende atacar a própria intimidade do corpo de Jó, ou seja, seus ossos e sua carne. Mais uma vez o Senhor aceita a aposta de Satanás, impondo-lhe novamente um limite que não poderia ultrapassar: não atentar contra a vida do justo. Caso contrário, como é que esse último seria ainda capaz de provar sua fidelidade a Deus?

E eis que a mão do Senhor ataca Jó diretamente. Ela o atinge em todo seu ser. Agora, recoberto com úlceras da cabeça aos pés, Jó aparece como um indivíduo excluído da sociedade. O que ele vai fazer? Ao permitir tal julgamento, o Senhor apostou na fidelidade deste homem, desfigurado, repelido, abandonado... Mais uma vez Jó reage, mas o faz apenas na ação, coçando seu corpo com um caco de telha para aliviar sua dor. Por ora, Jó não diz absolutamente nada. Ele já nem sequer bendiz. Mas será que vai haver um momento em que vai proferir injúrias? Não faltarão tentações, especialmente de parte da mulher. Na verdade, a esposa de Jó insidiosamente dá continuidade à iniciativa de Satanás, incitando abertamente seu marido a desistir. Ela, que foi poupada do drama familiar, reage como Satanás havia previsto para Jó. Ela o incita a negar sua fé e morrer: "amaldiçoa a Deus e morre!" (Jó 2,9). Assim, ela o incita a dar as costas ao comportamento sábio que o Senhor reconhecera em seu servo fiel, ele que se mantinha fiel em sua integridade (Jó 2,5). Assim, Jó se volta contra a reação de sua mulher, considerando-a louca. Ao contrário de Jó, nessas questões ela não representa a voz da sabedoria. Pelo contrário, encarna os traços da Dona Insensatez, do livro de Provérbios, "agitada, toda ignorância e não sabe de nada!" (Pr 9,13). À sua maneira, representa a humanidade comum que não suporta as consequências da provação do mal e quer banir categoricamente o sofrimento de seu campo de visão. Quanto a Jó, ele é claramente diferente de sua esposa: se já não bendiz, pelo menos se recusa a maldizer a Deus. Mais uma vez, de maneira livre, aceita a liberdade soberana de seu Senhor: "Sempre aceitamos a felicidade como um dom de Deus. E a desgraça? Por que não a aceitaríamos?" (Jó 2,10). Mais uma vez, a conclusão é necessária: mesmo quando é mais intensamente atingido pelo mal, Jó não pecou contra seu Deus. E Satanás, que perdeu a aposta pela segunda vez, deverá arcar com os custos: e sai de cena.

Entre as duas provações, Jó mudou? Aparentemente sim. Na segunda resposta há de fato uma diferença de atitude: uma reação puramente humana (coçar-se) dá lugar à reação espiritual (luto e prostração). E se não vemos nenhuma maldição contra Deus, tampouco se constata qualquer gesto de bendizer a Deus. O bendizer parece ter sido substituído por um questionamento: Sempre aceitamos a felicidade como um dom de Deus. E a desgraça? Por que não a aceitaríamos? (Jó 2,10)? No final, Jó saiu vencedor de sua dupla provação, mas a que custo? Uma coisa é certa: a violência desta provação, despojando-o de si mesmo, não foi capaz de afastá-lo de seu Deus. Em sua carne podre, sentado no monte de cinzas, Jó permanece firme perante o Senhor. Apesar do drama, permanece firme e inabalável na fé. Mas se Jó continua a ser um crente, ainda é um homem? A fé encarnada no corpo ainda permanece humana, próxima de nós? Poderíamos duvidar disso. A chegada de seus amigos muda resolutamente o jogo e, em certa medida, nos tranquiliza.

Onde estão os verdadeiros amigos?

Com a chegada dos amigos de Jó (Jó 2,11-13), se dá uma mudança notável no drama de fé que está se desenrolando ali. Quem são estes amigos e de onde vêm? Seus lugares de origem têm referência com a região de Edom, além do Jordão: Temã (Gn 36,4.11.15), Suás (Gn 25,2), Naamat (Gn 4,22). Essa região é conhecida por sua sabedoria (Jr 49,7; Br 3,22). Isso quer dizer que os amigos de Jó representam, pelo lugar de origem, toda a sabedoria do Oriente. Os três personagens chegam, cada um provindo de seu país de origem. Como souberam das notícias desse drama? Não sabemos. O que se sabe é que os visitantes reagem como se o amigo que vieram encontrar já estivesse morto. Ao vê-lo, decidem, por sua vez, rasgar as próprias roupas. Então lançam pó no ar como sinal de luto e acima de tudo se compadessem, isto é, literalmente sofrem com ele. Na verdade, esses amigos começam a participar fisicamente da dor de Jó, sentando-se no chão ao lado dele. Quanto tempo vão ficar assim? Por sete dias e sete noites. Os sete dias correspondem ao tempo de luto em Israel: foi assim por ocasião da morte de Jacó (Gn 50,10) ou de Saul (1Rs 31,13). Além disso, os sete dias de silêncio contrastam com os sete dias de festa dos sete filhos de Jó (Jó 1,4). Depois da alegria, vêm as lágrimas; depois do tempo de celebração, vem o tempo de luto.

O longo prólogo em prosa, que conta a história de um homem sábio lutando contra o mal, termina em silêncio mortal, durante o qual a honra de Deus se mantém intacta, graças à fidelidade inabalável de Jó frente a seu Deus. Se tudo está claro do lado de Deus, nada está realmente claro do lado do ser humano. Em particular, nada se diz sobre o lado humano de Jó. O aspecto doloroso e questionador do justo sofredor, que poderia torná-lo mais próximo de nós, é totalmente ignorado. Esses dados vão ser integrados na sequência da história. No Jó do prólogo, falta um caráter humano que lhe será restituído pelos diálogos que se seguem com os amigos. Por agora, tudo termina com esse silêncio mortal, que só vai ser interrompido pelo monólogo do capítulo 3. Só no finalzinho do livro, nos últimos versos do epílogo, serão amarrados todos os fios da trama.

Tudo está bem quando termina bem

Por intermédio da prosa, os últimos versos do livro (Jó 42,7-17) se renovam, retomando os dados do prólogo e propondo uma reconciliação geral de Jó com seu Deus e seus amigos. Em relação ao prólogo, vários atores da narrativa não vão reaparecer no epílogo. Satanás, que perdeu a aposta, acaba frustrado por quem ele queria colocar à prova. Ademais, os diálogos o ignoraram totalmente, já que, nas palavras de Jó, o sofrimento é constantemente colocado aos cuidados do Senhor e não de seu intermediário celestial. Da mesma forma, tampouco a esposa de Jó irá reaparecer, pelo menos não explicitamente. Não obstante, sua presença é sugerida pela evocação de novos filhos que virão, uma vez que Jó, sabe-se, teve ainda sete filhos e três filhas. No entanto, a atitude da mulher é desclassificada por causa do convite que fez ao marido para renunciar à sua integridade de fé, o que este se recusou categoricamente a fazer. Os amigos, entretanto, são mencionados. Se já não falam com Jó, estão pelo menos presentes a seu lado. E é o Senhor que lhes fala diretamente, por intermédio de um deles, Elifaz de Temã (Jó 42,7).

O Senhor, por sua vez, toma a iniciativa de intervir, condenando fortemente os três supostos amigos de Jó. Sua ira se inflama contra eles, pois não falaram dele de maneira bem fundamentada. Insistiram em repetir os princípios aprendidos de cor com a intenção de acusar Jó, e não de apoiá-lo como a um amigo. Em outras palavras, eles falaram de Deus contra Jó, sem referência à experiência pessoal que ele profusamente expôs a eles. Ao contrário dos amigos, Deus toma o lado de Jó, a ponto de fazer dele seu servo: "Minha ira está inflamada contra ti e teus dois amigos, porque não falaram de mim com retidão como fez o meu servo Jó" (Jó 42,7). Ele ouviu suas palavras como um crente que não se resignou aos argumentos dos amigos e ao aparente absurdo da ação de Deus. Até aceitou a veemência das palavras de Jó, que queria a todo custo restaurar o diálogo com ele. De resto, Deus sugere que os três amigos se reconciliem com ele e com Jó, oferecendo um sacrifício: "Tomai agora para vós sete touros e sete carneiros; ide ao encontro de meu servo Jó e oferecei-os por vós em holocausto, enquanto meu servo Jó intercederá a vosso favor" (Jó 42,8). Aqui Jó desempenha o papel de intercessor, ao modo de algumas grandes figuras da Bíblia: Abraão (Gn 18,22-32), Moisés (Ex 32,11), Samuel (1Sm 7,5), Amós (Am 7,2-6), Jeremias (Jr 11,4).

Posteriormente, Jó será restaurado à sua situação anterior, e até melhor que antes. Receberá bens em abundância e se beneficiará de uma grande família. Esse restabelecimento lhe sobrevém como um acréscimo, visto que Jó não tinha pedido nada: "E o Senhor restabeleceu os negócios de Jó, enquanto ele intercedia pelo seu próximo. O Senhor elevou ao dobro todos os bens de Jó" (Jó 42,10). O Senhor se empenha em reerguer seu servo Jó de sua aniquilação. Assim, testemunha-se mais uma vez a iniciativa gratuita de Deus, a livre obra de um Deus livre, muito além do princípio da retribuição. Trata-se novamente de algo digno de bendição (Jó 42,12) como foi mencionado no prólogo do livro. Essa bendição terá efeitos a longo prazo: de fato, levará tempo para que aconteça o benefício divino mediante o dom de muitos rebanhos e uma descendência generosa. O livro termina indicando a longevidade de Jó, sinal da bênção concedida aos patriarcas; "Jó viveu ainda, depois disto, cento e quarenta anos e viu os filhos e os filhos de seus filhos até a quarta geração. Depois, Jó morreu idoso e saciado de dias" (Jó 42,16-17).

A reconciliação final é, portanto, a característica do epílogo que conclui o livro. Mas em nenhum momento as palavras do Senhor falam da inocência de Jó. Uma coisa é certa: para seu servo, a obra do Senhor foi tanto de bondade quanto de justiça. Todavia, no final do livro, o sofrimento do justo continua sendo um mistério tanto para Jó quanto para o leitor. Os amigos de Jó falavam porque pensavam saber alguma coisa, Jó falava porque queria saber; só Deus sabia, mas ele mesmo não falou. Pelo contrário, ele se calou por longo tempo. E mesmo quando falou, não disse tudo. Neste ponto, o autor do livro nos deixa com muitas perguntas sem respostas. Se, no epílogo, o Senhor valoriza a felicidade de Jó, em nenhum momento explica as razões da desgraça que lhe aconteceu. Enquanto isso, Jó dá tempo ao tempo para que sua queixa se eleve a Deus e tenta compreender as razões para tanto sofrimento imerecido.

5
Sentido e absurdo do sofrimento
Tema 2

Depois de um longo tempo de silêncio de sete dias e sete noites, Jó decide sair de seu mutismo e finalmente começar a falar. Sob a forma de um lânguido monólogo, dá vazão à sua queixa, direcionando-a a quem quiser ouvi-la. Seus amigos? Sua mulher? Deus? O leitor? Seus amigos não ficarão indiferentes. Não deixarão de dialogar com Jó para tentar explicar o drama que está se desenrolando e justificar o sofrimento suportado. Mas a aflição da qual Jó é vítima tem algum sentido? Jó acaba por duvidar disso. Pergunta-se: Por que ele? De que serve a vida, se é para viver como um homem infeliz para o resto de seus dias? E o que podem fazer os outros que estão junto dele? E Deus, onde está? O que faz? Estas são algumas das perguntas que Jó nos propõe. Perguntas que, em última análise, ficarão sem resposta...

A queixa de Jó

Depois da chegada dos amigos, começa a se manifestar outro Jó: irascível, amargo, desesperado. Ele rompe o silêncio com uma série de maldições. Na verdade, quando abre a boca, é para atacar abertamente o dia que o viu nascer e até mesmo a noite em que foi concebido: "pereça o dia do meu nascimento e a noite que anunciou: 'É um varão!'" (Jó 3,3). A queixa de Jó é um grito, o grito de um homem desesperado, para quem a vida se tornou insuportável. O que costumava ser uma vida pacífica é agora apresentada a ele na forma de uma tempestade interior, um verdadeiro terremoto, de tal modo que Jó acaba não desejando outra coisa a não ser um retorno à estaca zero, antes do momento do nascimento ou mesmo antes do momento da concepção: "Que esse dia se transforme em trevas" (Jó 3,4); e que a esterilidade da noite sobre o mundo também possa se estender sobre seu próprio nascimento (Jó 3,7). A quem se dirige essa queixa? Em seu grito de sofrimento, Jó não ataca Deus diretamente. Ele ataca sua criação, o modo como se apresenta a ele desde o nascimento: Para que vir ao mundo, se é para viver nesse estado de decrepitude? De que serve a vida, se é para passar o resto de seus dias em sofrimento e degradação física? Portanto, não é a morte que Jó procura deliberadamente. Nele não há nenhum desejo de cometer suicídio. Mais radicalmente, o que procura é a possibilidade de sequer ter conhecido esta vida, ou mesmo de não ter nascido, de jamais ter existido: Por que não morri, ainda no seio materno? (Jó 3,11). Por que conceber um infeliz? (Jó 3,20). Se pelo menos tivesse desaparecido desta terra, ele estaria em paz agora como todos aqueles que já nos deixaram, incluindo os grandes deste mundo que findaram sua existência sobre a terra. No espaço de alguns versículos, assiste-se a uma completa mudança de situação. De repente, Jó transforma sua bendição inicial numa maldição. Todavia, a maldição não é dirigida ao próprio Deus – caso contrário, Satanás teria ganho a aposta – mas àquilo de que Jó ainda dispõe, ou seja, sua existência, supostamente vivida como dom de Deus. Ou seja, Jó amaldiçoa a vida porque é infeliz. Ele é infeliz porque contesta abertamente que sua vida atual possa ser considerada um bem. Para ele, uma coisa é certa: o ser humano é mortal e sua vida na terra não é mais que sofrimento. Pior ainda, o simples fato de admitir isso redobra o seu mal. No fundo, o que o faz sofrer é tornar-se gradualmente consciente de que o ser humano não é senhor de seu destino. Ele deve sua existência a Deus, que delimita suas fronteiras e define seu curso, mas, em última análise, essa fronteira e esse curso lhe parecem muito obscuros. No fim das contas, o que mais aflige o nosso sábio é que Deus já não parece mais digno de amor para ele: ele certamente dá a vida, mas este dom é uma armadilha, porque, na prática, a vida recebida proporciona bem pouco regozijo. Sem querer opor-se a Deus frontalmente, Jó se contenta em questionar a incoerência da obra divina. É a razão pela qual ele deseja, nem mais nem menos, um retorno ao caos primordial, já que a experiência que faz da vida é a de uma desordem permanente. Nesse sentido, a ajuda de Deus é totalmente ineficaz. No curso de sua queixa, Jó rompe com os estereótipos primordiais, questionando o que até então parecia ser algo pacífico. Faz perguntas que não são direcionadas a seus amigos e nem mesmo a Deus. Será que esses "porquês" vão encontrar uma resposta? Acaso são algum sinal de que a dúvida está começando a se insinuar a ele, como desejava Satanás? Serão, pelo contrário, um sinal positivo da presença nele do Deus vivo e do trabalho lento da graça? A esse respeito, o próximo diálogo de Jó com seus amigos será particularmente instrutivo.

A crítica dos amigos

Até dado momento Jó havia se lamentado sozinho na presença de seus amigos, mas sem lhes dirigir uma palavra sequer. Esses últimos, porém, sentiram-se tocados por sua queixa, pois um deles, Elifaz de Temã, vai ser o primeiro a responder-lhe: "Só uma vez ele te provou, e já desanimas! E quem consegue conter as palavras?" (Jó 4,2). Em seguida, começa uma longa série de discursos, onde Jó e seus três amigos vão falar francamente um com o outro. Três vezes Elifaz de Temã, Bildad de Suás e Sofar de Naamat falam sucessivamente (Jó 4–14; 15–21; 22–27). Em troca, todos recebem uma resposta pessoal de Jó. Em seus discursos, os três personagens tentam justificar como podem o sofrimento de seu amigo. Fica explícito que eles se imaginam fazer triunfar a sabedoria tradicional, defendendo o dogma da justiça, baseada no princípio da retribuição: o justo é recompensado por sua virtude, vai conhecer a felicidade e viverá por muito tempo; o malvado, entretanto, é punido por seus erros, vai conhecer o infortúnio e sua vida será curta. Para eles, se Jó está sofrendo é sinal de que está sendo punido; e, se está sendo punido, é porque é culpado. Que confesse sua culpa e se converta, então tudo voltará à ordem! Dada a magnitude do infortúnio que se abateu sobre Jó, os visitantes se esforçam para acusar Jó de ser culpado de uma falta conhecida ou oculta. Em vez de se colocarem do lado de Jó, os amigos se posicionam do lado de uma corrente de sabedoria transmitida invariavelmente até então e da qual eles se esforçam para ser os porta-vozes. Nos diálogos entre eles, vale a pena prestar atenção aos argumentos que cada um desenvolve, bem como nas respostas dadas por Jó.

Em termos literários, as respostas de Jó aos amigos têm as características de serem bastantes diversificadas. Não são exclusivamente monólogos em forma de lamentações, nem orações dirigidas a Deus, nem mesmo discursos ou réplicas de conversas. As palavras de Jó constituem um pouco de tudo isso ao mesmo tempo. Às vezes Jó fala de Deus como "Ele", às vezes se dirige a ele como "você", às vezes fala a si mesmo na forma de um monólogo na presença de seus amigos, às vezes ainda se dirige a eles em um momento de dramatização extrema. E, mesmo quando sua resposta segue um interlocutor específico (Elifaz, Bildad ou Sofar), Jó dirige-se ao conjunto de seus amigos indistintamente como "vocês".

Quanto ao fundamento, quais são os argumentos apresentados pelos amigos de Jó? Eles lembram a Jó sobretudo da regra tradicional da sabedoria, segundo a qual Deus sempre pune os ímpios: Recorda: "qual o inocente que pereceu? Onde se viu homens retos desaparecerem?" (Jó 4,7). Por outro lado, o justo é sempre recompensado por sua fidelidade: "Olha, Deus não rejeita o homem íntegro, nem dá apoio aos malfeitores" (Jó 8,20). Ainda assim, ninguém pode considerar-se puro diante de Deus.

Quanto às respostas, Jó prontamente reconhece a indignidade do ser humano diante de Deus, mas se recusa categoricamente a concordar com as afirmações sobre a felicidade dos justos e o castigo dos ímpios: "E vós, forjadores de mentiras, não passais de curandeiros de nada" (Jó 13,4); "Repetis à exaustão máximas de cinza, torres de argila são vossas defesas!" (Jó 13,12). Ele parte sempre de sua própria observação e experiência pessoal: "Esclarecei-me, e me calarei. Em que falhei? Mostrai-o a mim!" (Jó 6,24). E ao discurso de transgressão de seus amigos, responde com o tema da agressão de Deus: "Pequei? Que te importa isso, espião do homem? Por que me tomaste por alvo?" (Jó 7,20). Além disso, pede a Deus que se explique com ele: "Ainda que eu fosse justo, para que replicar? Ao meu juiz eu deveria implorar compaixão" (Jó 9,15).

As palavras dos amigos de Jó são marcadas por poemas na forma de hinos que, a partir da experiência diária do homem, exaltam a grandeza e o poder de Deus, autor de obras grandiosas e insondáveis, maravilhas que não podem ser contadas (Jó 5,9-16). Igualmente, na forma de comparações com os elementos do mundo, Sofar não hesita em entoar o mistério insondável de Deus que excede tudo o que se pode imaginar: mais alto que os céus, mais profundo que o *Sheol*, mais extenso que a terra e mais largo que o mar.

Esses hinos a Deus Todo-poderoso são intercalados pelo retorno das queixas de Jó. Eles remetem ao mistério de Deus, pelo qual mede com mais intensidade ainda a distância que o separa dele. Diante da grandeza de tal ação divina, o homem se sente muito pequeno e impotente: "Eu estava tranquilo. Ele me derrubou. Pegou-me pela nuca e destroncou-me, pôs-me como alvo à sua frente" (Jó 16,12). De certa forma, Jó já não se reconhece na imagem que Deus lhe remete. Esse Deus, como um guerreiro que avança sobre ele, o ataca com suas flechas afiadas, perfura seus rins sem piedade e derrama pelo chão toda sua bílis, parece estar conduzindo-o insensivelmente à morte. Agora seus olhos estão vermelhos de tanto chorar, e a sombra se abateu sobre suas pálpebras. Diante das ameaças que experimenta, Jó ainda tem a força de interpelar seu Deus sobre a brevidade da vida, que passa como um sopro e que avança rapidamente em direção ao *Sheol*: "Lembra-te: minha vida é um sopro apenas; meus olhos não voltarão a ver a ventura" (Jó 7,7). A presença de Deus torna-se insuportável para ele: "Já não enxergará o olho que antes me via" (Jó 7,8); "Quando deixarás de me espionar?" (Jó 7,19), de tal modo a não esperar outra coisa a não ser a morte, para poder fugir finalmente de Deus: "Olha, já estou deitado no pó; tatearás por mim: terei deixado de ser" (Jó 7,21).

Os sofrimentos de Jó

De que Jó sofre exatamente? Inegavelmente de uma doença física. Jó é um homem ferido. Como seria de esperar, a doença desempenha um papel importante em sua provação. No curso das respostas a seus amigos, Jó terá a oportunidade de esclarecer em detalhes o estado de seus sofrimentos: "Minha carne está coberta de vermes e crostas, minha pele está rachada e supura" (Jó 7,5); "Meus ossos me grudam na pele e na carne; escapei com a pele dos meus dentes" (Jó 19,20); "Minhas entranhas se agitam sem cessar e dias de aflição se abatem sobre mim" (Jó 30,27); "Cai minha pele, enegrecida, queimam-se-me os ossos, e ressecam." (Jó 30,30). Estas descrições altamente realistas acentuam o caráter dramático do mal sofrido pelo homem sábio. Esse mal é redobrado por um sofrimento psíquico que daí resulta e que vai se avolumando. Antes de mais nada, é a percepção do tempo que passa e que vai esvaziando gradualmente sua existência de todo o conteúdo: "Meus dias correram mais que lançadeira, e, terminado o fio, chegaram ao fim" (Jó 7,6); "Meus dias se evaporam" (Jó 7,16). Uma vez que a vida do homem foge como uma sombra (Jó 14,2) e a duração de sua existência na terra é muito pequena (Jó 10,20), qual é o objetivo de ter saído vivo do ventre de sua mãe? No fundo, teria sido melhor ir diretamente do ventre da mãe para o túmulo (Jó 10,19)!

Mas há outra forma de sofrimento que afeta nosso sábio: um sofrimento emocional, devido ao abandono covarde de seus parentes, seus entes queridos. Será que ainda podem ser contados entre seus amigos as pessoas que o traíram "[...] como leito das torrentes que se esvaem" (Jó 6,15), que nunca deixarão de atormentá-lo e esmagá-lo com seus discursos: "Já por dez vezes me censurastes e não vos envergonhais de me oprimir" (Jó 19,3)? Eles vêm até ele com lições prontas, que não passam de sentenças de cinzas e argumentos de "torres de argila" (Jó 13,12). Na verdade, que outro apoio pode ser esperado desses charlatães e de outros curandeiros sem valor (Jó 13,4)? Os acontecimentos que precipitaram a queda de Jó contribuíram para criar um vazio em torno dele, porque os sofrimentos suportados só depõem contra ele e, no fim das contas, acabam por acusá-lo: aos olhos de todos os seus amigos, aquele que é provado não passa de um reprovado. Seus amigos todos desapareceram: suas criadas consideram-no um estranho, seu servo nem sequer responde a seu chamamento, as crianças desprezam-no, todos aqueles que ele amava afastam-se dele. Até o cheiro fétido do seu hálito afugenta sua mulher e, por causa do mau cheiro, seus próprios irmãos afastam-se dele (Jó 19,13-19).

No final, Jó só pode confiar em si mesmo, se é que pode! Seus recursos foram esgotados por tanto sofrimento e medo: "Em vez de comer, fico suspirando, e meu rugido é como água de enxurrada. O que eu mais temia aconteceu comigo; o que eu receava, me atingiu. Não dissimulo, não me calo, não me aquieto: a ira de Deus veio sobre mim!" (Jó 3,24-26). A seus

Em termos literários, as respostas de Jó aos amigos têm as características de serem bastantes diversificadas. Não são exclusivamente monólogos em forma de lamentações, nem orações dirigidas a Deus, nem mesmo discursos ou réplicas de conversas. As palavras de Jó constituem um pouco de tudo isso ao mesmo tempo. Às vezes Jó fala de Deus como "Ele", às vezes se dirige a ele como "você", às vezes fala a si mesmo na forma de um monólogo na presença de seus amigos, às vezes ainda se dirige a eles em um momento de dramatização extrema. E, mesmo quando sua resposta segue um interlocutor específico (Elifaz, Bildad ou Sofar), Jó dirige-se ao conjunto de seus amigos indistintamente como "vocês".

Quanto ao fundamento, quais são os argumentos apresentados pelos amigos de Jó? Eles lembram a Jó sobretudo da regra tradicional da sabedoria, segundo a qual Deus sempre pune os ímpios: Recorda: "qual o inocente que pereceu? Onde se viu homens retos desaparecerem?" (Jó 4,7). Por outro lado, o justo é sempre recompensado por sua fidelidade: "Olha, Deus não rejeita o homem íntegro, nem dá apoio aos malfeitores" (Jó 8,20). Ainda assim, ninguém pode considerar-se puro diante de Deus.

Quanto às respostas, Jó prontamente reconhece a indignidade do ser humano diante de Deus, mas se recusa categoricamente a concordar com as afirmações sobre a felicidade dos justos e o castigo dos ímpios: "E vós, forjadores de mentiras, não passais de curandeiros de nada" (Jó 13,4); "Repetis à exaustão máximas de cinza, torres de argila são vossas defesas!" (Jó 13,12). Ele parte sempre de sua própria observação e experiência pessoal: "Esclarecei-me, e me calarei. Em que falhei? Mostrai-o a mim!" (Jó 6,24). E ao discurso de transgressão de seus amigos, responde com o tema da agressão de Deus: "Pequei? Que te importa isso, espião do homem? Por que me tomaste por alvo?" (Jó 7,20). Além disso, pede a Deus que se explique com ele: "Ainda que eu fosse justo, para que replicar? Ao meu juiz eu deveria implorar compaixão" (Jó 9,15).

As palavras dos amigos de Jó são marcadas por poemas na forma de hinos que, a partir da experiência diária do homem, exaltam a grandeza e o poder de Deus, autor de obras grandiosas e insondáveis, maravilhas que não podem ser contadas (Jó 5,9-16). Igualmente, na forma de comparações com os elementos do mundo, Sofar não hesita em entoar o mistério insondável de Deus que excede tudo o que se pode imaginar: mais alto que os céus, mais profundo que o *Sheol*, mais extenso que a terra e mais largo que o mar.

Esses hinos a Deus Todo-poderoso são intercalados pelo retorno das queixas de Jó. Eles remetem ao mistério de Deus, pelo qual mede com mais intensidade ainda a distância que o separa dele. Diante da grandeza de tal ação divina, o homem se sente muito pequeno e impotente: "Eu estava tranquilo. Ele me derrubou. Pegou-me pela nuca e destroncou-me, pôs-me como alvo à sua frente" (Jó 16,12). De certa forma, Jó já não se reconhece na imagem que Deus lhe remete. Esse Deus, como um guerreiro que avança sobre ele, o ataca com suas flechas afiadas, perfura seus rins sem piedade e derrama pelo chão toda sua bílis, parece estar conduzindo-o insensivelmente à morte. Agora seus olhos estão vermelhos de tanto chorar, e a sombra se abateu sobre suas pálpebras. Diante das ameaças que experimenta, Jó ainda tem a força de interpelar seu Deus sobre a brevidade da vida, que passa como um sopro e que avança rapidamente em direção ao *Sheol*: "Lembra-te: minha vida é um olhos, até Deus parece ter unido forças contra ele. Segundo ele, Deus não é inocente das provações que está sofrendo. Esta certeza, que vai se solidificando, o leva a um terceiro nível de sofrimentos, os que o afetam em seu relacionamento pessoal com Deus. Algumas das queixas que expressa dirigem-se pessoalmente a Deus. Às vezes, até se dirigem a ele. Rejeitando fortemente a tese tradicional que vê o sofrimento humano como castigo divino por uma falta cometida, Jó persiste em acreditar que o mal que se abateu sobre ele não passa de um erro flagrante por parte da apreciação de Deus: "Direi a Deus: Não me trates como culpado, dá-me a conhecer tuas queixas contra mim" (Jó 10,2). No fundo, sua maneira de ver não seria bem diferente da dos humanos? Será que a intenção de Deus não é confiná-lo a uma culpa incapacitante, impossibilitando qualquer esforço de conversão: "Se, pois mesmo assim continuo sendo culpado, para que me afadiguei em vão?" (Jó 9,29)? Além disso, Deus parece impor a Jó limites que não lhe permitem competir com ele,

> Ele não é um humano como eu, para eu replicar e juntos comparecermos em justiça. Ah se houvesse entre nós algum juiz, para pôr sua mão sobre nós dois! Apartaria de mim o chicote de Deus, e seu terror não me assolaria mais. (Jó 9,32-34).

No final das contas, a inocência defendida por Jó só torna mais arbitrário e injustificável o furor de Deus, pois "Ele que na tempestade me tritura e multiplica sem razão minhas feridas, sem permitir-me retomar o alento, satura-me de amargor" (Jó 9,17-18).

Assim, as queixas de Jó desembocam em tríplice contestação: contestação da santidade de Deus, pois ele parece inventar um pecado para Jó que nada fez de errado; contestação da bondade de Deus, que parece tê-lo tomado como alvo para fazê-lo desaparecer do mundo dos vivos (Jó 7,20); e, por fim, contestação da sabedoria divina, pois, na tentativa de arrancar a esperança do homem, Deus nega a obra de suas mãos (Jó 10,3) e, por suas ações implacáveis contra um homem inocente, espelha apenas uma pálida caricatura de si mesmo.

A responsabilidade pelo sofrimento

No final das queixas de Jó, muitas questões continuam abertas: quem é responsável por tanto sofrimento? Quem sabe o sentido último da provação sofrida? Se não fosse Jó, então seria Deus? E se não é Deus, quem é?

Os três amigos continuam apegados à tese clássica da recompensa divina. Diante do sofrimento dos justos, se esforçam para recordar de forma bem explícita o mecanismo da retribuição divina. Em razão do infortúnio que lhe aconteceu, o caso de Jó deve ser posto na categoria de atos que devem ser imputados aos ímpios. Se ele sofre, é porque pecou; só lhe resta confessar seu pecado para reconciliar-se com seu Deus: "Reconcilia-te com ele e faze as pazes. Assim a felicidade te sobrevirá" (Jó 22,21). Por se submeterem inteiramente ao sacrossanto princípio da recompensa divina, os amigos de Jó não podem aceder ao que Jó está tentando lhes mostrar: uma experiência de fé totalmente gratuita. Ao não se colocarem ao lado do homem ferido, acabam traindo sua amizade e se privam de qualquer diálogo com o sofredor. Como resultado, qualquer discussão e mediação demonstra ser uma tentativa vã. Confiantes de si mesmos, limitam-se invariavelmente a repetir as fórmulas que aprenderam de cor e os argumentos que os tranquilizam. Mas Jó não pode se contentar com esses argumentos tantas vezes refutados. O que fazer então? Calar-se? Contra-atacar de forma mais vigorosa ainda?

Uma coisa é certa, Jó não procura a causa de seu sofrimento em um além melhor após a morte que compensaria o infortúnio presente e a morte anunciada. Também não se volta a uma origem radical para tentar encontrar, em uma falta original, a razão de sua angústia. Como não se vê implicado em culpa por causa de sua inocência, vai pedir explicação apenas a Deus. Mas Deus não se manifesta a ele, pelo menos não imediatamente. Mais tarde, irá se manifestar para questioná-lo. Por isso, Jó se vê remetido de volta a si mesmo. Seu maior sofrimento é não saber onde procurar Deus. Às vezes Deus parece-lhe muito distante de suas preocupações momentâneas e até inacessível. Ele conhece Deus, mas não sabe onde está. Em todo caso, Deus parece estar ausente sempre que o homem é provado em sua carne. Às vezes, porém, Deus parece-lhe estar demasiadamente próximo, repreendendo-o por não desviar dele seu olhar inquisitivo: "Quando deixarás de me espionar? Deixar-me-ás sorver minha saliva?" (Jó 7,19). Às vezes Jó perde a coragem. Sente-se inútil para Deus, causando embaraço: por que sou um peso para ti? (Jó 7,20). Em certos momentos, seus sofrimentos não passariam de resultado da malevolência divina. Em outras palavras, aflora nele a ideia de uma providência maligna que se abateu sobre ele:

> Tornaste-te um carrasco para mim e me esmagas com a força de teu punho. Sobre os corcéis do vento me transportas e me dissolves dentro da borrasca. Eu sei: tu me conduzes para a morte, o encontro de todos os viventes (Jó 30,21-23).

Jó luta com seu Deus contra todas as suas impressões furtivas e invasivas. Assim, de qualquer modo, Jó quer encontrar um culpado. Para isso, durante certo tempo acredita ser necessário culpar a Deus. Será que essa estratégia é efetiva? Para escapar desse mistério maior que ele, prefere confrontar-se com Deus, argumentando que ele teria um plano agressivo a seu respeito. No entanto, essa postura o deixa cada vez mais inquieto: ao tentar encontrar uma causa primordial para seu infortúnio, Jó se esforça em desfigurar o rosto do Deus que ama. Preso entre a evidência do mal que o aterroriza e a certeza de sua fé enraizada em Deus, dividido entre o desgosto de viver esta vida de sofrimento e o medo de morrer, entre a sede de desfrutar de alguns momentos de felicidade e o desejo de nunca ter existido, Jó acaba por se embrenhar por um caminho que no final das contas é apenas um impasse. No entanto, por mais forte que seja o sofrimento suportado pelo sábio, uma esperança começa gradualmente a renascer nele.

6

A esperança não está morta

Tema 3

Em meio à enxurrada de queixas e lamentações do livro de Jó, podem-se entrever algumas das melhores palavras de esperança da Bíblia. No meio da angústia que o aflige, mesmo quando ainda se vê grandemente ressentido frente ao Senhor, Jó encontra a coragem de deixar subir, das profundezas de seu sofrimento, um grito de grande esperança para o Deus vivo. Quantitativamente, essas poucas palavras de esperança não parecem ter grande importância na obra de Jó em comparação às longas queixas do sábio; qualitativamente falando, porém, as palavras positivas do sábio atestam que nele a esperança não está morta. Pelo contrário, esta esperança reside na fé na fidelidade e na justiça de Deus, também na expectativa de uma intervenção divina em seu favor ainda nesta terra. E é isso que temos de admitir. Em todos os textos sobre a esperança, Jó nunca fala de um futuro para além da morte. O máximo que ele prevê é uma suspensão da ira divina, onde o sábio poderia viver escondido em algum lugar no *Sheol*, a morada dos mortos, o tempo em que Deus decide entrar em diálogo com ele. Gradualmente, por meio de sua ácida crítica à vida, Jó vai adquirindo profunda convicção de que só Deus tem a chave para compreender o significado do sofrimento, e que aquele que o atinge é o único que ainda é capaz de libertá-lo de sua provação. Estas palavras de fé são decisivas na obra do sábio. São elas que irão contribuir para acelerar o tão esperado confronto com seu Deus.

O defensor no céu

Às várias palavras proferidas pelos supostos amigos: Elifaz, Bildad e Sofar, Jó responde pacientemente, ponto por ponto. No curso dos capítulos do livro, Jó vai refutando um por um os argumentos apresentados por seus detratores. Contudo, a partir do capítulo 16, no segundo ciclo de discursos, vamos ver um Jó profundamente irritado com a enorme quantidade de palavras que não passam de meras palavras soltas no ar: "Se eu falo, minha dor não se acalma, e, se eu calar, me deixaria?" (Jó 16,6). Em última instância, ele até poderia expressar-se como eles se estivessem em seu lugar. No final, sua dor é tão grande que está convencido de que por toda a terra não encontrará nenhuma resposta plausível para suas perguntas existenciais. No limite de suas forças, Jó decide voltar-se abertamente a Deus, que o entregou a um bando de patifes. Em particular, ele culpa-o por tê-lo deliberadamente como alvo. Diante dele, Deus parece comportar-se como uma fera feroz diante de sua presa:

> Eu estava tranquilo. Ele me derrubou. Pegou-me pela nuca e destroncou-me, pôs-me como alvo à sua frente.
> Suas flechas se fecham sobre mim. Sem piedade ele traspassa os meus rins e sobre o chão derrama o meu fel. Ele rasga em

mim brecha sobre brecha, investe, qual guerreiro, contra mim (Jó 16,12-14).

Como Deus pode agir assim com ele? Será mesmo Deus? E se não é ele diretamente, quem mais seria? Algum inimigo, a quem Deus abandou Jó? O que daria no mesmo. Que seja ele diretamente ou não, em última instância Jó parece atribuir este papel beligerante a Deus. Como única resposta, contenta-se em reagir tomando uma atitude de luto: costura um saco, veste-o e mergulha seu rosto no pó. Portanto, diante deste sofrimento a que é submetido, Jó não muda de forma alguma sua linha de defesa. Pelo contrário, recusa-se a ver uma relação de causa e efeito entre os males que sofre e sua conduta em relação a Deus e aos outros. Para ele, uma coisa é certa: não há violência em suas mãos e sua oração é pura (Jó 16,17).

No auge da provação, ressurge nele o sentimento de que não pode ser abandonado por Deus. O Jó que fala é um homem sofredor. Ele é um ser vivo que vê com lucidez a morte se aproximando, um justo que ainda tem a força para gritar e invocar a Deus para que o escute antes que seja tarde demais... No entanto, no conflito entre ele e seu Deus, de repente se dá uma súbita inversão, uma esperança renasce nele. O Deus supostamente vingativo torna-se seu defensor:

> Tenho agora uma testemunha nos céus, possuo um fiador lá nas alturas. Meus amigos fazem troça de mim, mas os meus olhos pranteiam para Deus. Defenda ele contra Deus o homem, como o ser humano intervém por um seu igual. Mas vem chegando o termo de meus anos; já estou tomando o caminho sem volta (Jó 16,19-22).

O olhar de Jó mudou radicalmente. Até então tomava Deus como um acusador, agora Deus se torna sua testemunha no céu. No entanto, para ele, essa esperança não é totalmente confiável. Ela nasce do combate aberto de um homem que luta com seu Deus. Todavia, a visão de Jó mudou: o Senhor não é mais visto como o potencial adversário do homem ferido, mas como um amigo, um semelhante, um próximo. Antes, Jó havia deixado claro que queria discutir com Deus e lhe apresentar suas queixas (Jó 13,3). E ele já havia manifestado o desejo de comparecer diante dele, pois ele pode matá-lo: "Ainda que fosse matar-me, nele esperaria; não tenho outra esperança senão defender minha conduta em sua presença. Isto já seria minha salvação, pois nenhum ímpio comparece diante dele" (Jó 13,15-16). Agora Jó está levando à efeito suas palavras: sua queixa cruza os céus para que o Senhor se torne seu defensor, pois o tempo está se esgotando e seus dias estão contados (Jó 16,22). Este tempo limitado é, pois, o tempo da última oportunidade: é a razão de sua esperança. Esta esperança será reafirmada ainda mais fortemente três capítulos adiante.

"O meu defensor está vivo"

No capítulo 19 a queixa de Jó se eleva mais um degrau. Jó expressa sua irritação com as palavras insultuosas de seus amigos. Levado pelo ímpeto, também ataca Deus, a quem acusa de prejudicá-lo. Ele é seu principal agressor. Mais uma vez Jó quer discutir com Deus de forma justa, mas esse último se opõe ferozmente, colocando obstáculos em seu caminho: "Ele fechou meu caminho, não posso passar; com trevas escureceu minha trilha" (Jó 19,8). E mais, Deus parece despojá-lo de tudo que constitui sua dignidade de homem, de sua glória e tudo o que tem a seu redor (Jó, 19,9), inclusive de sua esperança: "Solapa-me em redor, e eu definho, arrancou a árvore de minha esperança" (Jó, 19,10). No final, Jó sente-se isolado, abandonado por todos. Mas o que mais o faz sofrer é a reviravolta feita por Deus: este Deus que parecia tão distante para ele, agora está próximo, tão perto a ponto de acampar em torno de sua tenda. Para Jó, esta onipresença divina torna-se opressiva. Sente-se cercado por todos os lados. No entanto, seus próximos parecem ter-se afastado dele, a ponto de ser considerado um estranho. Em sua queixa, Jó enumera todas as pessoas que Deus vai eliminando por turnos de sua companhia:

> Afastou de mim os meus irmãos; meus conhecidos fazem-se de estranhos. Desapareceram os meus próximos; meus familiares de mim se esqueceram. Os hóspedes de minha casa e minhas servas me estranham: tornei-me um intruso aos seus olhos. Chamei meu servo, mas ele não responde, quando com minha boca o imploro. Minha mulher repugna o meu hálito; causo asco aos filhos de minhas entranhas. Mesmo as crianças me desprezam; quando me levanto, zombam de mim. Os meus íntimos todos de mim têm horror; quem eu amava virou-se contra mim (Jó 19,13-19).

Após a perda de membros de seu entorno, vem a perda das forças físicas: somente lhe resta a pele e os ossos (Jó 19,20). Mas à beira do desespero, ainda encontra motivo para fazer um apelo final por ajuda: "Piedade, tende piedade de mim, vós meus amigos, pois fui tocado pela mão de Deus. Por que me perseguis, como Deus? Não vos fartais de minha carne?" (Jó 19,21-22). Jó está abatido pela perseguição tanto de Deus como de seus amigos. Paradoxalmente, nesse momento ainda tem forças para se levantar e proferir uma das mais fortes palavras de esperança que já expressara até aquele ponto. Para marcar o caráter solene de sua declaração, pede que estas palavras sejam transmitidas *ipsis litteris* para a posteridade: "Ah, se se escrevessem as minhas palavras, se fossem gravadas numa inscrição! Se com buril de ferro e com chumbo ficassem talhadas na rocha para sempre!" (Jó 19,23-24). Então, retomando a imagem de um defensor em um julgamento celeste, Jó se convence de que lá no alto alguém estaria disposto a defender sua causa: "Mas eu sei: meu redentor está vivo, no fim se erguerá por sobre o pó. E mesmo que me tenham destruído a pele, na minha carne, contemplarei a Deus. Eu, sim, hei de contemplá-lo! Meus olhos o verão, ele não será estranho! Meu coração se abrasa dentro de mim" (Jó 19,25-27).

Na tradição bíblica, o defensor, *goel*, em hebraico, é um parente cuja missão é preservar a solidez familiar do clã. Em relação às pessoas, o *goel* é um parente que vingou o sangue de uma vítima ao matar o assassino. Assim, quando a morte de Saul foi anunciada, Davi ordenou que seus assassinos fossem mortos (2Sm 4,11). Para salvaguardar o património, o *goel* é o parente mais próximo habilitado a resgatar os direitos do falecido, em especial seu direito de propriedade, para que os bens permaneçam no círculo da família. Assim o é, por exemplo, Boaz no livro de Rute. Posteriormente, o *goel* apresenta-se como aquele que libera uma pessoa de sua dívida, para evitar que seja escravizada. Então, por extensão, ele se torna o defensor no tribunal, aquele que reclama o direito dos oprimidos. Entre os profetas e os sábios, Deus é considerado o verdadeiro *goel* de Israel, aquele que livrou seu povo da escravidão (Is 52,3-6).

E quem é o *goel* de Jó? Seus filhos morreram prematuramente, sua esposa não está em condições de exercer esse direito. É natural, portanto, que Jó se volte para o Senhor para que ele mesmo cumpra seu papel de defensor. Ele é seu próximo e só ele ainda pode salvá-lo. No meio do desalento que o atinge, Jó reencontra sua fé no Deus a quem dá o título "vivo". Este "vivo", ele sabe que não o vai desapontar. Ele se levantará em seu favor, isto é, juridicamente será capaz de defender sua causa no momento do julgamento, inclusive no juízo final. Em todo o caso, foi assim que o compreendeu a versão latina do livro, traduzindo "o último" por "no último dia". Essa versão influenciou por muito tempo a exegese católica, vendo ali um prenúncio óbvio da ressurreição de Cristo: "Mas eu sei: meu redentor está vivo, no fim se erguerá por sobre o pó. E mesmo que me tenham destruído a pele, na minha carne, contemplarei a Deus" (Jó 19,25-26).

Em última análise, apesar de seus problemas, Jó admite que o Senhor continua sendo o melhor amigo que existe. Para ele, no cerne de seu drama apenas uma coisa importa: manter o relacionamento com Deus. A morte seria pior que tudo. Significaria o fracasso da amizade com Deus. É por isso que Jó decide voltar-se para ele, antes mesmo que seu sofrimento tenha recebido qualquer explicação. No entanto, aos olhos de Jó, Deus mantém duas funções distintas: é simultaneamente juiz e defensor. Por conseguinte, é bom que seus interlocutores se comportem. Se pretendem torturar a Jó para fazê-lo confessar qualquer culpa, devem saber que estão se expondo a uma resposta divina, aquela com a qual constantemente o ameaçam. A ira de Deus se inflamará contra os verdadeiros culpados: "[...] temei a espada para vós mesmos, pois o furor é passível de espada. Sabereis então que existe julgamento" (Jó 19,29). Pela primeira vez, e explicitamente, Jó quer que Deus, que agora parece tão próximo dele, se distancie de seus amigos e fale contra eles. Em vista da vida de aliança e da restauração do direito do Senhor e do homem sofredor, mesmo contra os amigos vai esperar em Deus. Esta é uma atitude de verdadeira sabedoria.

7
Onde encontrar a verdadeira sabedoria?
Tema 4

Por várias vezes dentro do livro, são assinaladas pausas entre os diálogos, durante as quais o autor inspirado se pergunta sobre o significado da sabedoria: de onde ela vem? Como se apresenta? Onde encontrá-la? Numa dessas ocasiões, a noção de sabedoria é enfatizada diretamente pelo narrador, na forma de um elogio, ou por um terceiro, neste caso, o sábio Elihu, que com seu ensinamento irá lembrar aos parceiros de debate que para Israel a verdadeira sabedoria vem de Deus e que, nesse sentido, ela está acima de tudo.

Uma sabedoria acima de tudo

De onde vem a sabedoria e onde ela está? Esta dupla pergunta surge duas vezes no capítulo 28 do livro, no decorrer do qual se faz um excelente louvor à sabedoria: a sabedoria que Deus conhece e que o homem é convidado a colocar em obra. No que se refere à forma, esse poema parece diferir do restante da obra. Uma de suas características é que tem pouca conexão com o que precede o capítulo ou com o que segue.

Nesse sentido, esse capítulo não retoma nenhum dos termos e temas que foram objeto dos diálogos entre Jó e seus amigos, especialmente no que diz respeito à controversa questão da justa recompensa normalmente dada aos justos. Voltado para uma meditação sobre a sabedoria inalcançável, o narrador parece assinalar que sua abordagem é diferente do debate em curso. Em que esse capítulo contribui para o curso do enredo geral do livro? Os amigos de Jó são apresentados como sábios, mas será que sabem exatamente qual sabedoria defendem? Será que Jó, que não parou de contestar essa sabedoria, ainda é sábio na medida em que insiste teimosamente em questionar o princípio da retribuição? Finalmente, seja do lado de Jó ou de seus supostos amigos, a sabedoria humana parece já não ter importância na controvérsia do momento. Até parece ter falhado diante da sabedoria de Deus, diante da qual convém agora colocar-se. É hora, de fato, de reposicionar as coisas em seu devido lugar, lembrando que a sabedoria só é acessível aos seres humanos se Deus a revelar a eles. À sua maneira, esse elogio prenuncia, antecipando o conteúdo, o significado dos discursos divinos que aparecerão ao final do livro (Jó 38–42).

Desde o início, fala-se de forma positiva da sabedoria humana, do saber-fazer comprovado do ser humano, que é exercido particularmente sobre os elementos que provêm do subsolo. Para demostrar isso, revisita-se cada um dos metais em uso, sua extração, seu processamento. A sabedoria humana reside no fato de que o homem conhece o lugar onde se encontra esse recurso e sabe como explorá-lo da forma que é preciso. Ele sabe claramente onde a prata, o ouro e o ferro são extraídos. Inclusive sabe como obter cobre (Jó 28,1-2). Esse trabalho do ser humano é árduo, ele que chega ao ponto de penetrar as entranhas da terra para extrair o tão procurado metal. Os escravos são enviados para as minas: adentram a escuridão, fazem perfurações, cavam galerias de minas, longe da superfície da terra (Jó 28,3-4). Tal como os animais de caça, o homem parece ser um predador da criação, a exemplo dos animais de rapina e dos animais selvagens. Para recolher essa presa preciosa é capaz de revirar o subsolo de cima a baixo, perfurar a rocha para trazer para fora o que estava escondido. Por outro lado, quando se trata da sabedoria, o ser humano não consegue fazer o mesmo! "O preço dela é desconhecido pelos humanos; ela não se encontra na terra dos vivos" (Jó 28,13). À vista humana, essa sabedoria não se encontra em nenhum lugar. Portanto, voltando ao problema do livro, restam muitas perguntas sem resposta: a sabedoria defendida pelos amigos de Jó poderia lançar luz sobre a causa do mal que Jó sofre? Será que eles conseguiram elucidar a situação? Na medida em que persiste em acusar a Deus, Jó consegue esclarecer seu caso, desvendar as razões de sua queixa? Nessas condições, onde encontrar então a verdadeira sabedoria?

A sabedoria inacessível

Uma coisa é certa, por si mesmo ninguém pode descobrir de onde vem a sabedoria. O homem não sabe o seu lugar de origem. Se, através da técnica, o homem consegue descobrir tesouros enterrados sob a terra, nem por isso consegue descobrir, por iniciativa própria, o caminho que leva à sabedoria. Na verdade, ao contrário do que acontece com as pedras preciosas, a sabedoria não tem nenhum lugar específico de extração sobre a terra. Os elementos da criação podem testemunhar isso: "O Abismo declara: 'Comigo não está'. O Oceano diz: 'Não se encontra comigo'" (Jó 28,14). Ela não pode ser encontrada nem sobre a terra, nem debaixo da terra. E, mais ainda, o homem não está em condições de saber nada a respeito... Além disso, pode-se adquirir a sabedoria comprando-a? Ela excede tudo o que pode ser estimado. E Jó começa a listar essas coisas de valor que o homem retira da terra ou do mar: o ouro maciço, a ágata, a safira, o topázio.... Todas essas pedras preciosas são encontradas nas bancas dos mercadores. Mas esse não é o caso da sabedoria. Ela não pode ser adquirida dessa forma no mercado. Ela não pode ser encontrada por quem está à cata de ouro, "Ela se esconde aos olhos de todo vivente" (Jó 28,21). O homem, portanto, não pode saber de onde vem essa sabedoria, e muito menos os animais. Ela esconde-se até mesmo dos pássaros do céu. Nem o *Sheol*, nem a morte a conhecem, e dizem-no em alto e bom som: "Nossos ouvidos souberam de sua fama" (Jó 28,22) e nada mais. Além disso, toda a criação a ignora. Não se pode proceder com ela como se faz com os bens da terra. Isso significa que a busca pela sabedoria é de uma ordem diferente. É necessário haver uma razão para isso: não importa que o homem esquadrinhe e trilhe a terra e os mares, por si mesmo não encontrará a sabedoria.

Só Deus a conhece

A sabedoria escapa à captura pela mente humana. Somente Deus é capaz de revelar ao ser humano a sabedoria que ele possui. Para isso, o autor do livro analisa os quatro elementos da criação: terra, céu, ar e mar. A sabedoria é dada por Deus durante a criação, impondo um limite a tudo: uma extremidade para a terra, o peso para o vento, a medida para as águas, uma lei para a chuva, um caminho para o trovão... É assim que Deus age sabiamente em sua criação, dando-lhe uma lei própria. Esta posição é típica da literatura sapiencial como vem expressa, por exemplo, no discurso de sabedoria em Provérbios 8:

> Eu estava lá, quando Ele firmou os céus, quando gravou um círculo ao redor do abismo, quando adensou a massa das nuvens lá no alto e quando as fontes do abismo mostravam sua violência; quando Ele impôs ao mar seu decreto – que as águas não desrespeitam –, e quando traçou os fundamentos da terra. Ao seu lado, estava eu, qual mestre de obras, objeto de suas delícias, dia a dia, brincando o tempo todo em sua presença [...] (Pr 8,27-30).

De certa forma, a sabedoria não se deixa descobrir em estado bruto, manifesta-se por intermédio das obras da criação, quando o criador dá ordenamento aos elementos do cosmos. A sabedoria atua nas obras do criador. O cosmos só ganha ordem por meio da sabedoria conhecida apenas por Deus. Quanto ao homem, em troca, recebe de Deus uma palavra de exortação: "O temor do Senhor, esta é a sabedoria. Manter-se longe do mal, o entendimento!" (Jó 28,28). A palavra divina não aborda a questão sobre o lugar de onde vem a sabedoria. Ela não diz onde se encontra. Isso permanece no mistério de Deus. Se a técnica e o comércio possibilitam que o homem se aposse do que encontra, a revelação divina não é dessa ordem. Ela não lhe revela o caminho para entrar na posse da sabedoria. Ela só lhe dá os meios para ser sábio. Eis o significado dessa última exortação: temei a Deus e fugi do mal. Estas duas qualidades são precisamente aquelas que o Senhor reconheceu em Jó no início do prólogo do livro (Jó 1,1; 2,3). Inicialmente, Jó foi valorizado como modelo de virtude, ele, cuja sabedoria agora está sendo fortemente testada. Os benefícios concedidos pela sabedoria divina ecoam e são amplificados nos discursos do sábio Elihu.

Retomada da sabedoria de Israel

No capítulo 32 do livro, e contra todas as probabilidades, um novo interlocutor passa, espontaneamente, a fazer parte do debate. Elihu entra em cena. Não havia qualquer indício de que fosse haver tal intervenção. Sua chegada não é preparada por nenhum evento nem anunciada por ninguém. Ele não nos foi apresentado como amigo de Jó, especialmente porque Jó não esperava mais nada de ninguém, somente de Deus: "Quem me dará quem me escute? Eu me subscrevo! Responda o *Shaddai*! E o libelo escrito por meu adversário [...]" (Jó 31,35). Quem é, portanto, Elihu? Seu nome é tipicamente israelita: "ele é meu Deus". Ele é o único no livro a ter um nome israelita. No entanto, esse nome não é desconhecido na Bíblia. O nome de Elihu é encontrado várias vezes no Antigo Testamento, especialmente em episódios relacionados à história davídica: Elihu é ancestral de Samuel, é seu bisavô (1Sm 1,1). É também um oficial do Exército (1Cr 12,21), um porteiro do Templo de Jerusalém (1Cr 26,7) e também um dos irmãos de Davi (1Cr 27,18). No livro de Jó, Elihu é apresentado como o filho de Barakel (em hebraico: "Deus abençoou"), o buzita, do clã de Ram. Um buzita é aquele que vem de Buz, que de acordo com a tradição bíblica é sobrinho de Abraão, Filho de Nahor e Milka, e irmão de Us (Gn 22,20-21), a região de onde vem Jó. Ele é da família de Ram, da descendência de Judá, filho de Jacó-Israel (1Cr 2,9.25. 27), um dos antepassados de Davi, de acordo com o final do livro de Rute (Rt 4,19), tomado da genealogia dos antepassados de Jesus no evangelho de Mateus (Mt 1,4). Por causa de sua origem israelita, Elihu, portanto, traz a sabedoria de Israel para o debate sobre a justiça de Deus em face do sofrimento dos justos.

Qual é a razão para que o sábio Elihu entre de repente em cena? É a raiva que o faz decidir intervir. Elihu está com raiva de Jó que persiste em declarar-se justo diante de Deus, uma vez que pretende ter razão contra Deus (Jó 32,2). Todavia, quem pode se arvorar ser justo o tempo todo? Jó ainda é sábio quando faz isso? Elihu também ataca os amigos de Jó, porque não encontraram uma resposta adequada para seus argumentos e perguntas torturantes, eles que não encontraram nada para responder, deixando assim seus erros para Deus (Jó 32,3). Sua atitude parece condenar Deus e justificar a aparente inocência de Jó, desafiando o princípio da retribuição divina. Haverá espaço para outra resposta humana de sabedoria? Este duplo tema da justiça e da sabedoria estabelece a ambiência em que Elihu irá responder ao que os outros três não foram capazes de fazer até agora. É por isso que agora ele se manifesta falando por cinco longos capítulos (Jó 32-33).

Inicialmente, Elihu começa por apresentar-se aos três homens: "Eu sou ainda jovem e vós já sois idosos. Por isso estava com medo e temor de vos expor o meu saber" (Jó 32,6). Embora jovem, Elihu se arroga o direito de falar, ao contrário de uma tradição bem enraizada de sabedoria, segundo a qual é a idade que traz experiência e, portanto, sabedoria. Em todo o caso, este é o argumento apresentado pelos três visitantes na ocasião para contrariar as pretensões de Jó (Jó 8,8-10; 12,12; 15,10). Elihu esperava, portanto, que os três anciãos tivessem cumprido devidamente seu papel de ensinar a Jó a sabedoria de Israel. Ele, por ser muito jovem, "temia" falar com eles. Mostra respeito pelos anciãos, assim como o crente tem respeito por Deus. Por outro lado, ao longo dos ciclos do discurso, ele observou que não é o número de anos que necessariamente traz sabedoria, mas o "sopro do Poderoso", o espírito do Senhor

(Jó 32,8). Isso significa que só a defesa da sabedoria, vista como inspirada por Deus, motiva sua intervenção. Até então, Elihu tinha esperado em vão para que os amigos respondessem sabiamente a Jó. Eles não só fracassaram em seus esforços, não dando as respostas certas a seus argumentos (Jó 32,12), como também já não têm mais nada a dizer (Jó 32,16). Elihu não pode esperar mais. Ele se sente animado por uma inspiração interior que o encoraja a reagir à maneira de odres novos prontos para arrebentar. Cansado da luta, decide tomar a palavra para dirigir-se a esses quatro interlocutores: "Darei então a réplica por minha conta, vou eu também expor o meu saber" (Jó 32,17). Então Elihu decide se dirigir primeiro a Jó. Dirige-se a ele nominalmente, coisa que os três anciãos nunca fizeram: Escuta, pois, ó Jó, meu discurso (Jó 33,1). Supondo-se que Deus está com ele, Elihu espera obter uma reação de Jó. Espera pelo menos um movimento dele. Por ora, já não se trata mais de explicar-se com Deus, mas com um homem com quem está em pé de igualdade, um ser humano que é feito de carne e ossos como ele (Jó 33,6). Assim, Jó, que não está longe de uma luta, a priori não tem por que temer a discussão de homem para homem que lhe é proposta nesta situação.

De imediato, Jó é acusado em seu próprio domínio. Na verdade, Elihu quer pressioná-lo para que se restrinja a seus próprios limites. Para isso, ataca diretamente suas declarações sobre sua suposta inocência de todo o mal e as acusações que ele dirige a Deus: "Mas falaste perante meus ouvidos, ainda escuto o som de tuas palavras: 'Eu sou íntegro, sem pecado, eu sou limpo, isento de falta; mas Deus inventa queixas contra mim e trata-me como a seu inimigo. Ele retranca os meus pés nos ferros e espia todos os meus rastos!'" (Jó 33,8-11).

De acordo com Elihu, as acusações feitas a Jó são injustas. Sua ação de justiça não é admissível, se não por outra coisa, pelo fato de que Deus é maior que o homem e ele não vai discutir com quem coloca em questão sua superioridade (Jó 33,12). Por que, então, reclamar nestas circunstâncias, como não cessa de fazer o próprio Jó, que Deus não lhe responde (Jó 33,13)? Na verdade, em sua liberdade soberana, Deus não é obrigado a responder a Jó do modo como ele esperava. No fundo, Elihu apenas recorda até onde vão os limites humanos diante da sabedoria de Deus. Esta desproporção entre Deus e o ser humano deverá torna-se mais adiante um dos temas-chave dos discursos do próprio Senhor: "Onde estavas quando eu fundei a terra?" (Jó 38,4). Por ora, Elihu está defendendo Deus. Pois este último fala, mas não se presta atenção a Ele: "Ora, Deus fala num primeiro modo, depois num outro, mas não se presta atenção" (Jó 33,14). Talvez Jó esteja orgulhosamente fechado em seu próprio mundo para ter tempo para ouvi-lo? E mais, Elihu ressalta que Deus fala com o ser humano em sua provação. Esta ideia, que já havia sido proferida por Elifaz (Jó 5,17-20), é retomada aqui com força: Deus usa o sofrimento físico para repreender o homem que esquece seus limites, corrigindo-o quando necessário, inclusive "pela dor, no leito" (Jó 33,19). Se em si mesmos os sofrimentos não são instrumento de reabilitação divina, pelo menos servem para preparar o homem, tentado pelo orgulho, a acolher a reabilitação vindoura.

Uma sabedoria revelada

Quando o doente está à beira do abismo, avista-se a intervenção de um intermediário, um mensageiro: "Mas, se houver um anjo para ele, um intérprete entre mil, para dar a conhecer ao homem seu dever, que dele tenha compaixão..." (Jó 33, 23-24). Quem é este mensageiro? Ele vem para desempenhar o papel de mediador entre Deus e o homem. Ele se apresenta como um aliado do homem dado por Deus, uma espécie de antissatanás. Por diversas vezes, Jó reivindicou o poder de recorrer a um mediador celestial, o famoso *goel* (Jó 9,33-35; 16,19-21). Este mensageiro é dado para revelar a retidão ao homem, como fora Jó antes de sua provação, de acordo com as palavras do Senhor (Jó 1,1,8; 2,3). Este mensageiro age de modo exatamente oposto ao que fez Satanás originalmente. Sua presença vem contrabalançar os efeitos nocivos desse último. Onde Satanás foi autorizado a fazer o mal, o mensageiro traz a cura. Realmente, a intervenção do mediador se mostra efetiva, o doente recobra a saúde: sua carne recupera o frescor da juventude, ele retorna aos dias de sua adolescência (Jó 33,25). O homem que se achava à beira do abismo se vê repentinamente transportado aos dias de sua adolescência e sua carne recupera o frescor de sua juventude. O doente retoma seu relacionamento com Deus. Esse retorno à graça vem acompanhado por uma restauração da justiça (Jó 33,26). Segue-se, então, uma oração surpreendente por causa do conteúdo nela presente, que não vai na linha das razões expostas anteriormente: "Eu pequei, violei o direito: mas ele não se comportou como eu" (Jó 33,27). Finalmente, liberto de seu mal, o homem confessa seu pecado frente a todos. Em vez de continuar a reivindicar sua inocência, admite que violou o direito. Ao mesmo tempo, em vez de acusar a Deus de injustiça, reconhece que Deus agiu justamente. Então, o homem que assim se rendeu está em condições de cantar sua ação de graças a Deus por tê-lo trazido das trevas da morte para a luz da vida, pois só ele, Deus, é capaz de arrancá-lo da morte (Jó 33,18-22). Esta conexão entre o sofrimento suportado e o pecado cometido permite pressentir o conteúdo do ensinamento que Elihu quer inculcar em Jó. Esse sábio de Israel professa uma teologia da conversão que dificilmente poderia se manter diante da inocência de Jó, ele que por tantas vezes ouviu seus três amigos tentarem defender a teoria da recompensa divina. Compreende-se que, agindo assim, Elihu só agrava seu caso... Basicamente, todo o ensinamento de Elihu tem o objetivo de salvar a sabedoria de Deus, restabelecendo a justiça de Jó. Mas será que vai conseguir isso?

Em última análise, o que há de novo no discurso de Elihu? Qual é a vantagem de seu ensinamento sobre a sabedoria em relação ao ensinamento dos outros três sábios? Inegavelmente, Elihu tem alguns pontos fortes em comparação aos outros sábios. Pelo seu nome israelita, parece autorizado a falar em nome do Senhor, o Deus da aliança. É por isso que, graças à sua audácia, ele não hesita em questionar as conquistas dos sábios de outrora, que alegavam deter o monopólio da sabedoria de Deus. No entanto, e este é um dos pontos fracos dessa sabedoria, ele acreditava poder prevalecer sobre Jó, postulando a intervenção de um mediador celestial. Ele se vê falando em nome de Deus, "pressionado pelo Espírito", mas esquece-se de falar como homem. Nesse ponto, ele se omite de partilhar fraternalmente o sofrimento de Jó, embora afirme ser de carne e ossos como ele. Será que, no fundo, está mesmo tentando entrar em diálogo com o Jó? Uma coisa é certa, se ele aborda diretamente a Jó, não é primeiramente para dirigir-se a ele pessoalmente, mas para fazer dele um caso a ser julgado, um assunto de análise. Além disso, examinando melhor, vê-se que Elihu não está em contradição alguma: ele pede silêncio, mas pede uma resposta; ele pede a

Jó para ouvir, mas convoca-o a falar (Jó 33,31-33). A luta dele parece uma ilusão de ótica. Elihu não está tentando salvar Jó de seu sofrimento. Em vez disso, procura salvar Deus e o princípio sacrossanto da retribuição divina *para dar razão a quem o fez*. O que importa para ele é defender Deus contra o homem, enquanto Jó espera que ele seja defendido contra Deus. Acima de tudo, Elihu toma como ponto de partida que Jó é culpado. E neste ponto, sua visão em nada difere da perspectiva de seus três correligionários.

Porfim, se a sabedoria de Elihu nada traz de realmente novo à exposição do livro, pelo menos retoma essencialmente dois pontos principais dos diálogos anteriores. Por um lado, o ensinamento de Elihu enfatiza a grandeza de Deus, que excede tudo o que Jó pode dizer ou pensar: Deus é o criador de tudo e, nesse sentido, sua presença e ação continuam sendo um grande mistério para o crente. Por outro lado, Elihu insiste na pedagogia divina que se expressa, quando é o caso, por meio da experiência do mal. Notadamente, o que o mensageiro está expressando é que o sofrimento é visto como uma medida educacional que pode levar à conversão da pessoa que sofre. Do ponto de vista de Elihu – e, portanto, de Deus – o sofrimento é assim elevado ao nível de um meio de salvação para o homem e de revelação de Deus: "Mas ao oprimido salva da opressão e, pela aflição, lhe abre os ouvidos" (Jó 36,15). Mais uma vez, a ênfase é colocada na finalidade do mal sofrido, ou seja, a conversão do homem e a revelação de Deus, mas nada se diz sobre a causa do seu mal.

Apesar do atraso na intervenção divina, os discursos de Elihu, fazendo referência explícita à transcendência de Deus e à providência divina, conduzem o leitor à compreensão do mistério dessa pedagogia divina e o preparam para ouvir a resposta de Deus, que seguramente virá (Jó 38,1; 42,6).

8

Deus maior que o nosso mal

Tema 5

Em seus últimos capítulos (Jó 38–41), o livro de Jó relata como o Senhor solenemente se manifesta a seu servo Jó. Por meio de duas grandes séries de discursos, o Senhor, o Deus de Israel, consente em responder às inúmeras requisições feitas a ele pelo homem sofredor. Esses longos discursos divinos constituem o ápice da sabedoria revelada nessa obra, juntamente com a tão esperada resposta de Jó, que não desistiu de suas pretensões. Dirigiu-se a Deus por diversas vezes, atacando-o abertamente e até convocando-o para se mostrar pessoalmente, explicar-se e falar com ele face a face. Esse pedido insistente para se encontrar com o Senhor era o que ainda lhe dava razão para viver e ter esperanças. A bem da verdade, a convocação que Jó fez a Deus era praticamente uma ação legal; ele pretendia defender sua inocência e restabelecer seu direito: "Então, serei eu a responder-lhe, munindo-me de palavras contra ele?" (Jó 9,14); "Ah, se soubesse onde encontrá-lo, eu chegaria a seu trono! Exporia ante ele a minha causa, encheria minha boca de argumentos" (Jó 23,3-4); "Quem me dará quem me escute? Eu me subscrevo! Responda o *Shaddai*!" (Jó 31,35). E uma vez que os interlocutores de Jó silenciaram, o Senhor finalmente emerge do seu silêncio. Ele decide dirigir-se a Jó e isso é algo inédito no livro. Até então, ninguém se dirigira a outro chamando-o diretamente pelo nome: cada um dos três amigos falara com Jó na presença de todos e, quando Jó respondia a um, dirigia-se ao mesmo tempo aos outros dois ("vocês"). Da mesma forma, quando responde a Jó, Elihu também se dirige a seus amigos. E eis que aqui alguém se dirige a Jó: "O Senhor então respondeu a Jó, do seio da tempestade" (Jó 38,1; 40,6). Estabelece-se uma relação pessoal entre os dois interlocutores, uma relação que vai gradualmente restaurar a confiança de Jó, algo quase inimaginável no início.

Advertência por meio da tempestade

É "do meio da tempestade" (Jó 38,1; 40,6) que o Senhor toma a iniciativa de se manifestar a Jó. Isso significa que toda a vida do sábio se assemelha a um vasto campo de batalha por onde passou a tempestade devastando tudo que encontrava pelo caminho, mas sem atingir a ele próprio. Jó até previu que se alguma vez se dignasse a responder-lhe, Deus acabaria esmagando-o num turbilhão. É o que parece estar acontecendo agora, já que a resposta divina não se dá apenas por meio de um discurso, mas também de um evento meteorológico em grande escala, uma manifestação de Deus, uma teofania. Antes, um dos amigos de Jó, Elifaz, já havia lhe dito que Deus se manifestara a ele em uma tempestade (Jó 4,13-14). A tempestade não é, portanto, apenas uma expressão da confusão que reina nos espíritos aflitos, é também o sinal de uma revelação divina que se expressa de forma solene. Além disso, a voz do Senhor na tempestade é uma imagem tradicional na Bíblia. Muitos personagens do Antigo Testamento já passaram por essa grandiosa experiência: Moisés, no Monte Sinai, antes de receber o decálogo (Ex 19,16); Elias, levado ao céu no turbilhão de uma carruagem de fogo (2Rs 2,1-11); Ezequiel, durante a visão inaugural de seu ministério profético em uma tempestade de fogo (Ez 1,4). Zacarias, por sua vez, anuncia que a reunificação do povo de Israel será em meio a raios e tufões quando o Messias chegar no fim dos tempos (Zc 9,14).

Na tempestade, o Senhor dirige-se a Jó sob a forma de um interrogatório ordenado: Quem fez isto e aquilo? Sabias disso? Estavas lá? Fala se sabes tudo isso! Com vigor e ironia, o Senhor interpela diretamente a Jó para flagrá-lo em suas falhas: "Sim, tu o sabes, já tinhas nascido, tão grande é o número de teus dias!!" (Jó 38,21). Em suas palavras, o discurso divino, portanto, toma a forma de um processo movido contra Jó, a fim de mostrar que o ser humano não está à altura de competir com a inteligência e habilidade divinas. Com essa postura, o Senhor pretende apresentar-se a Jó como um sábio: ele não o acusa diretamente para humilhá-lo, ele não se dirige a ele para confundi-lo. Pelo contrário, ele quer erguê-lo e colocá-lo de volta em seu devido lugar como um homem no mundo. Para isso, busca educá-lo, mostrando-lhe os pontos em que não agiu com correção ao expor suas reivindicações. Neste sentido, Deus o convida a se confrontar com ele em uma luta sapiencial de grande envergadura: "Cinge, como um valente, os teus rins, vou te interrogar e tu me instruirás" (Jó 38,3; 40,7). Jó questionou longamente a Deus mediante respostas dirigidas a seus amigos. Agora, por sua vez, está sendo questionado por seu Deus, um sinal de que este o considera um interlocutor em pleno direito, um verdadeiro parceiro da aliança, como o é, a seu modo, o povo de Israel em seu relacionamento com o Senhor.

Se o Senhor intervém, não é para responder diretamente às acusações feitas por Jó. Este último pede uma prova da coerência do plano de Deus na história particular de cada indivíduo. Ele exige que o Senhor se explique. E o Senhor se explicará com discernimento e de forma franca. Ele simplesmente o está convidando a expandir o espaço de sua tenda, para que possa vislumbrar um mundo bem mais amplo que o mundo estreito de seu sofrimento. Com esse método de questionamento, o Senhor busca ampliar o campo do modo de pensar de Jó. Tira-o da esfera do seu mal e o convida a situar sua aflição num horizonte cósmico mais amplo, onde só o Senhor é o criador e mestre. Essa é a razão pela qual o Senhor se esforça para lhe falar sobre o cuidado que ele tem com o cosmos em geral e com os animais em particular.

Deus, o mundo e tudo o que ele contém

Desde o início, desde o primeiro discurso divino (Jó 38–39), o Senhor acusa Jó de ter sido um tanto imprudente em sua maneira de falar. Ele o repreende por obscurecer o plano divino (Jó 38,2-3), um conceito-chave da Bíblia. Ele se reporta ao projeto da aliança de Deus com os homens, sua ação na história humana. No Antigo Testamento, e especialmente nos escritos sapienciais, o plano divino é enfatizado seguidamente: é estável, estabelecido para sempre (Sl 33,11), firme e irrevogável (Pr 19,21), é a expressão da pedagogia divina, de modo que desprezar ou rejeitar o conselho do Senhor significa rebelar-se contra suas palavras (Sl 107 (106): 11), desdenhar seus conselhos (Pr 1,25) ou suas repreensões (Pr 19,20).

O Senhor pretende confrontar Jó pessoalmente. Para isso, o sábio deve ser forte, como o profeta Jeremias, a quem o Senhor pede para cingir seus rins para se preparar para a missão que o espera (Jr 1,17). O Senhor não rebaixa Jó; pelo contrário, dirige-se a ele como a um homem com quem é capaz de manter uma relação franca. Segue-se, então, uma longa abordagem sobre a criação, mostrando como Jó tem sido pouco diligente em suas palavras (Jó 38,4; 39,30). A priori, essa tomada de palavra do Senhor parece distante das preocupações momentâneas, das razões pelas quais Jó interpelou a Deus. Essencialmente nada diz sobre o sofrimento dos inocentes, nem sobre o sofrimento causado pela injustiça de que o sábio sempre se queixou.

Relendo com ele os primeiros capítulos do livro do Gênesis, o Senhor relembra a criação do mundo, a partir de seu ponto de vista: o governo do cosmos, o ciclo da natureza, o comportamento dos animais... Ao contrário do primeiro relato da criação, em Gênesis 1–2, o ser humano não está situado no topo da obra de Deus. No relato da criação recontado pelo Senhor em Jó 28, o ser humano aparece apenas incidentalmente. Primeiramente o Senhor passa em revista o mundo em seus principais componentes: a terra, o mar, a luz e as trevas; os fenômenos atmosféricos: a neve, o granizo, a chuva e o gelo, as constelações e a estação das chuvas. Por intermédio deste grande esboço do mundo, o Senhor se apresenta a Jó como o criador de tudo o que existe. Ele o convida a contemplar suas obras no universo. A partir desse ponto, é o Senhor que conduz o interrogatório, questionando-o de maneira direta e franca. Quem? Onde? Quando? Como? Esta avalanche de perguntas tem o efeito de enfatizar a eficácia da palavra divina no curso do mundo e nos limites impostos ao poder de Deus. Assim, em relação à terra, o Senhor se apresenta a Jó como um arquiteto escrupuloso, um agrimensor, um engenheiro. Jó poderia saber disso melhor do que o próprio Deus? Do mesmo modo, é ele, o Senhor, que fixa um limite ao mar, que lhe impõe uma lei, como fazem os pais em relação a seus filhos (Jó 14,5; Pr 8,29). A palavra de Deus é de fato o único freio capaz de conter o tumulto das ondas furiosas. O mesmo se aplica também ao dia, que também precisa resguardar seus limites. Não só o Senhor lhe marca um lugar, mas este limite faz sobressair os limites de tudo: as bordas da terra (descritas como tapete), a maldade dos homens... Depois da terra, salienta-se a questão do subsolo. Será que Jó desceu ao abismo, o lugar do caos primitivo, descrito no início do Livro do Gênesis (Gn 1,2)? Ele conheceu o mundo dos mortos? Isso é impossível, uma vez que "quem desce ali, jamais subirá" (Jó 7,9; 10,21-22). Mais uma vez, Jó é desafiado a compartilhar a amplitude de seu conhecimento. Não sendo capaz de fazê-lo, é flagrado cometendo o delito de falar sem conhecimento de causa. Assim como não viu a profundidade do abismo, tampouco viu os depósitos de neve e granizo mantidos nos reservatórios dos céus. E as constelações no céu? Também as estrelas têm seu tempo e lugar. Basicamente, tudo na criação está em seu lugar e acontece a seu tempo. De fato, é preciso reconhecer que há uma coerência global do cosmos, tanto no céu como na terra.

Em sua argumentação, o Senhor não para por aí. Depois de interessar-se pela composição do universo em sentido amplo, passa em revista o mundo animal. À exemplo do cosmos, o mundo animal é organizado, dispõe de leis próprias... Assim, o Senhor se interessa pelo comportamento de animais de todas as espécies: leão, corvo, cabra, cervo, bisão, águia, abutre... Para cada um atribui um lugar, um tempo, um caminho, limites... Nada é deixado ao acaso e nenhum animal escapa do plano divino: o Senhor cuida de todos. É isso que forma a coerência global do mundo animal, apesar da variedade de espécies e da multiplicidade de seus comportamentos.... Mesmo que não se possa prever a reação de cada animal em particular. Se tudo está nas mãos do Senhor, este domínio não exclui a grande liberdade de criaturas, como a força do boi, a bravura do cavalo, o voo do abutre ou do falcão. Em geral, o instinto dos animais é uma verdadeira expressão da liberdade. É o que acontece com o homem, chamado a se posicionar corretamente no mundo criado por Deus com grande sabedoria.

A sabedoria de calar-se

Diante desse espetáculo do mundo, Jó é chamado a testemunhar tudo de bom que Deus tem feito em sua criação desde o início. Ao mesmo tempo, toma consciência de sua impotência e incapacidade de penetrar os mistérios da sabedoria criativa de Deus. Desta forma, sobre a questão posta por Deus sobre o alcance de seu conhecimento, Jó confessará que é limitado, como o é também seu poder. Finalmente, por meio desse grande panorama da criação, Jó acaba reconhecendo os limites de sua condição de criatura. E consentirá em confessá-lo perante Deus. Em alguns versos breves, o sábio acaba por declarar a distância que o separa de Deus. Sua própria atitude de silêncio testemunha sua pequenez perante o Senhor. Diante do mestre da criação, ele reconhece sua inferioridade. Todavia, sua finitude como criatura não é um mal em si. Ela lhe dá oportunidade de encontrar a sabedoria própria de uma pessoa que fala com prudência: "Sou insignificante, que vou responder? Ponho a minha mão sobre a boca. Já falei uma vez, nada mais digo; duas vezes... nada acrescentarei" (Jó 40,4-5). A mão sobre a boca é o sinal de que ele conquistou a humildade; uma atitude que em vão Jó queria impor a seus amigos (Jó 21,5). Agora é sua vez de impor a si mesmo essa atitude, a atitude do sábio por excelência: "Se fizeste a asneira de te elevar a ti mesmo e depois refletiste, põe tua mão sobre a boca" (Pr 30,32).

A resposta de Jó é, portanto, uma não resposta. Ele impõe o silêncio a si mesmo, não mais o silêncio daquele que sofre – como fez anteriormente, após a avalanche de catástrofes –, nem o silêncio de quem se cala enquanto espera que Deus fale novamente, nem mesmo o silêncio em face da incompreensão de seus amigos, mas um silêncio consentido: o silêncio de quem sabe que não sabe e que aprende a se calar perante a magnitude do mundo querido por Deus. Diante de Deus, Jó fica sem fala. Sua resposta não é mais uma declaração de impotência, mas uma tomada de consciência de seus limites humanos. Sua atitude atesta, assim, que ele renuncia a seu protesto e desafio. Mas Deus não está satisfeito com tal resposta. Ele retoma um dos mais belos testemunhos para mostrar seu domínio sobre o mundo.

Deus, mestre das forças do mal

O Senhor não está satisfeito com a resposta de Jó. Ele retoma a palavra novamente bem em meio à tempestade. No primeiro discurso, o Senhor acusou Jó de ter obscurecido os planos divinos; agora acusa-o de ter anulado seu julgamento na tentativa de defender seu direito (Jó 40,8). O desafio posto por Deus é grande: por meio de seu discurso, será que Jó não estaria tentando quebrar a relação de aliança com seu Deus?

Ele queria contestar o direito do Senhor, buscando justificar a si mesmo? Afinal de contas, segundo o Senhor, Jó teria lançado suspeitas sobre a consistência da justiça divina? Será que ele tem em mente condenar a Deus, anulando seu julgamento – correndo o risco de negá-lo – a fim de fazer triunfar sua própria justiça? O segundo discurso divino trata das relações dos homens entre si (Jó 40–41). Quem poderá dominar as forças do mal? A injustiça da maldade e do orgulho, quem a pode conter senão o Senhor? Será que Jó consegue fazê-lo melhor que o próprio Deus? Mais uma vez, recorrendo à ironia, o Senhor surpreende Jó em seu próprio raciocínio: "Tens um braço semelhante ao de Deus, tua voz troveja como a dele? Orna-te de majestade e grandeza, reveste-te de glória e esplendor" (Jó 40,9-10). Se Jó afirma poder fazer tal coisa, significa que é capaz de realizar o que acredita que Deus teria negligenciado. Então Deus só teria de prestar tributo a Jó e reconhecer que ele triunfou sobre seu próprio mestre: "Destarte também eu te louvarei, pois tua destra valeu-te a vitória" (Jó 40,14).

Depois de demostrar que é o rei da criação, o mestre dos animais, o Senhor apresenta a Jó duas criaturas terríveis, desafiando-o a erradicá-las. Nessas duas monstruosas bestas do Nilo, Beemot e Leviatã, pode-se facilmente reconhecer o hipopótamo e o crocodilo. Essas bestas, geralmente terríveis e indomáveis, são descritas com grande admiração. Simbolizam o poder trabalhando na criação. Quem pode domá-las? Quem poderá agarrar Beemot pela frente ou atravessar-lhe o focinho com um gancho? (Jó 40,24). E o Leviatã, acaso poderás pescá-lo com o anzol e travar-lhe a língua com a corda? (Jó 40,25). Jó seria capaz disso? Certamente que não. Por falar nisso, o Senhor argumenta *a fortiori*: apesar da força terrível dessas bestas formidáveis, Deus permite que que vivam. Com mais razão ainda ele o faz em favor de homens arrogantes e maus. Ao mesmo tempo, não se pode deixar de ler as palavras divinas como argumento do absurdo: Será que Jó pode afirmar ter razão frente ao Senhor, quando é incapaz de domar as feras ferozes que ele criou? Jó teria, de tal modo, razão frente ao Deus da aliança e insidiosamente poderia tomar seu lugar? De qualquer modo, Jó não passa de um tolo quando pretende acusar a Deus a ponto de questionar seu julgamento. Mais uma vez, o Senhor o desafia: O homem é incapaz por si mesmo de domar a maldade humana? Neste âmbito, ninguém é capaz de competir com o Senhor.

De olhos bem abertos

Mais que nunca, no fim das contas Jó compreende seu verdadeiro lugar no universo e no plano de Deus. Frente a Deus, Jó só pode reconhecer sua finitude e culpa. Ele confessa sua ignorância ao tomar ciência da onipotência de Deus sobre a criação, uma onipotência que excede infinitamente seu próprio conhecimento: "Bem sei que podes tudo, que nenhum projeto escapa ao teu poder" (Jó 42,2). Agora Jó sabe que nada sabe: "Pois é, eu abordei, sem sabê-lo, maravilhas além de mim, que não entendia" (Jó 42,3). Ele é exatamente aquele cujas palavras encobriam os planos divinos. Qual é a razão de seu erro? Até então, Jó conhecia a ação de Deus apenas por ouvir dizer. Conhecia apenas o ensino tradicional da retribuição divina, segundo o qual o Senhor retribui a cada um de acordo com o que fez. Como estava ciente de ser íntegro diante de Deus, o sábio esperava receber em troca a felicidade. O infortúnio só poderia vir de uma agressão de Deus. Agora, com os olhos bem abertos, Jó reconhece que não tinha entendido nada do plano de Deus: "Só por ouvir dizer, te conhecia; mas agora, viram-te meus olhos" (Jó 42,5). Por fim, o sábio reconhece que lhe foi concedida a graça de ver a Deus. É o que ele mais esperava durante todo o debate que manteve com seus amigos: "E mesmo que me tenham destruído a pele, na minha carne, contemplarei a Deus. Eu, sim, hei de contemplá-lo! Meus olhos o verão, ele não será estranho!" (Jó 19,26-27). No entanto, em nenhum momento o Senhor contestou a inocência de Jó. Ele não o acusou de qualquer falta pessoal, a não ser por questionar a administração de seus projetos no mundo. Agora Jó tem olhos para ver esse plano divino. Então, Jó se retrata e se penitencia no pó e nas cinzas (Jó 42,6). O encontro íntimo mostra que Deus aprovou o homem sábio, a quem ele não esmagou num turbilhão.

Nesse momento, Jó aceita sua situação perante a liberdade soberana e misteriosa deste Deus que tudo pode e tudo sabe. Diante dele, o sábio não é mais que pó e cinzas, o que o lembra da gênese de sua humanidade (Gn 18,27). Em um ato final de fé, tudo o que lhe resta é submeter-se ao mistério paradoxal de Deus. Assim, Jó acede à justa atitude diante do seu Deus que dispõe tudo para o bem do homem. Finalmente, não mais que seus amigos antes dele, o sábio não pode dispor de Deus, que é maior que o mal. Deus permanece um Deus livre em sua relação de aliança com cada ser humano. O Senhor falou, Jó ouviu. O Senhor agora está em silêncio, e Jó também. O silêncio de Jó, no final do livro, nada tem que ver com o pesado silêncio diante de seu sofrimento inicial. É um silêncio de fé, que se torna uma expressão da graça de Deus nele e um consentimento diante do mistério de Deus, que é maior que ele. Tendo chegado ao fim do seu julgamento, o sábio já não tem o que perguntar. Ele confia, aquiescendo à liberdade todo-poderosa e próxima de seu Deus. No fundo, o importante é que o diálogo, tão desejado por Jó, acabou acontecendo, e que dessa forma a relação de confiança que despertou foi reavivada.

9
A criação e seu criador
Tema 6

O tema da criação e do criador ocupa um lugar proeminente no livro de Jó. Além do prólogo e do epílogo, muitas passagens do livro destacam os efeitos da ação criadora de Deus no mundo, seja nos diálogos entre Jó e seus amigos, no longo discurso do sábio Elihu ou ainda na grande manifestação do Senhor no final do livro. Nesses textos, encontram-se muitas das afirmações contidas na Bíblia, quer tomadas do livro do Gênesis ou dos Salmos, quer das referências provindas de dados cosmológicos oriundos da sabedoria do antigo Oriente Próximo. Nesse sentido, o livro de Jó é bastante característico. No entanto, nem todas as referências ao Deus criador são apresentadas de forma neutra: são usadas para efeitos de argumentação ou mesmo para questões polêmicas. Ao longo das páginas, o tema da criação e de seu criador se torna causa de acalorados debates entre os protagonistas do livro: entre Jó e os proponentes de uma sabedoria tradicional que deve ser defendida a todo custo; entre o próprio criador e sua criatura fortemente provada. Significa que, para Jó, a criação não é apenas um objeto de admiração e louvor, mas muitas vezes torna-se um argumento para discussão e controvérsia.

Os benefícios da criação de acordo com os amigos de Jó

Os amigos Elifaz, Bildad e Sofar tentam usar o argumento da criação não só para convencer Jó a reconhecer tudo o que Deus fez de bom no mundo, mas também para encorajá-lo a aceitar o que ele faz de bom para os humanos. Elifaz, o primeiro a falar, profere um brado de admiração diante da obra de Deus, "O artífice de grandezas insondáveis, cujas maravilhas excedem todo número, é quem verte chuva sobre a terra e irriga a superfície dos campos" (Jó 5,9-10). Deus não só criou o mundo, mas continua a cuidar de sua criação, dando-lhe tudo o que precisa para se sustentar. Assim, a chuva, um fenômeno muito banal, é descrita aqui como uma "maravilha" que requer uma habilidade de saber-fazer do criador. Elihu levará em conta esta imagem meteorológica para mostrar o quanto Deus não deixa de cuidar de sua obra: "Atrai para si as gotas d'água, filtra-as em chuva para seu dilúvio, que as nuvens derramam do céu e espalham sobre a multidão humana" (Jó 36,27-28). Para o leitor da Bíblia, essas "maravilhas" divinas na criação estão ligadas à lembrança de outras "maravilhas" realizadas pelo Senhor, Deus da aliança, na história humana, especialmente aquelas vividas pelo povo de Israel em sua saída do Egito, "maravilhas" repetidas e cantadas em abundância nos salmos (Sl 107 (106),8.15.24.31; Sl 111 (110),4).

Se a criação é boa, segundo os amigos, é porque se destina ao serviço das criaturas que a povoam. Elifaz não deixará de relacionar a ação de Deus à realidade concreta da existência humana. Da mesma forma que se manifesta sabiamente na vida do mundo, Deus tem o cuidado de intervir na vida de suas criaturas, invertendo a ordem habitual das coisas, corrigindo as lacunas criadas pelas injustiças ou pela vontade de poder... Por isso, para os amigos de Jó a criação não é apenas uma obra a ser admirada em seu exterior, é um argumento poderoso para convencer o seu amigo sofredor a pôr fim às suas críticas vãs e humildemente confiar apenas na sabedoria de Deus: "feliz o homem que Deus repreende! Não desprezes a repreensão do *Shaddai*. Ele machuca, mas cuida das feridas; suas mãos ferem, mas curam. De seis angústias ele te arrebatará; na sétima, o mal já não te alcança" (Jó 5,17-19).

Na criação, o homem aparece como um ser frágil: fragilidade física, pois seu corpo é efêmero e mortal como uma casa de barro (Jó 4,19); fragilidade moral, já que ele está propenso à desorientação e, diante do seu criador, não pode arrogar-se inocente: "Será o mortal mais justo que Deus? O homem, mais puro que seu autor?" (Jó 4,17). Seja como for, nenhum ser pode escapar da correção de Deus. O outro companheiro, Bildad, não deixa de lembrá-lo num tom irônico: "Que homem ganharia na justiça contra Deus? Por puro passaria quem nasceu de mulher?" (Jó 25,4). E mostra que mesmo a criação, que o criador quis que fosse boa, não está livre de imperfeições, a começar pelas estrelas da noite: "Se até a lua perde o seu brilho e as estrelas não são puras a seus olhos, que dizer do homem, esse verme, do filho de Adão, essa larva?" (Jó 25,5-6). Significa: O ser humano não deve se iludir a si mesmo. Longe de se desvalorizar, é convidado antes a reconhecer que, graças a Deus, tudo está no mundo como por milagre. À vista humana, o universo se mostra digno de admiração. É um sinal de harmonia, equilíbrio, uma espécie de desafio permanente às leis da gravidade. Como prova, o céu, essa abóbada celeste, permanece firme, solidamente apoiada por suas bases. Da mesma forma, a terra, plana e circular, mantém-se firme, e nada lhe serve de suporte a não ser o mar inferior e as colunas que a sustentam (Jó 26,7). Outra proeza divina: Deus condensa as águas nas nuvens, para que não desabem sobre a terra (Jó 26,8). Ele dispõe dessas nuvens tão livremente que as usa para cobrir a face da lua cheia (Jó 26,9). Do mesmo modo, as águas dos mares estão circunscritas, e as forças hostis são controladas. Tudo está contido nas mãos do criador. Por sua vez, o terceiro companheiro, Sofar, não deixará de reconhecer as dimensões impressionantes do cosmos, indicando a Jó seu devido lugar: "A profundidade de Deus pretendes sondar, sondar a perfeição do *Shaddai*? Mais alta que o céu é ela – tu, que farás? Mais funda que o Sheol – dela, que saberás? A sua extensão supera a terra, e sua vastidão, oceano" (Jó 11,7-9). Assim como os outros dois, Sofar usa o argumento da grandeza de Deus operando em sua criação para contrapor a queixa atroz de Jó, muito embora para os amigos de Jó o louvor eventualmente se transforme em controvérsia e a referência a Deus se torne uma arma de defesa. Mas Jó não se deixa convencer. Ele também saberá usar os argumentos da criação e dirigi-los contra seus interlocutores.

A criação e seu criador de acordo com Jó

Jó afirma conhecer de cor o poder de Deus em ação no mundo. Como resposta, não deixa de lembrar essa realidade aos três amigos. Em Jó 9,5-10, enumera os trabalhos hercúleos de Deus, capazes por si só de sacudir as colunas da terra, de deslocar as montanhas e desdobrar os céus. Mais do que isso, Deus é capaz de ordenar ao sol que não se levante, de guardar sob lacre as estrelas e de fazer surgir as grandes constelações, pois ele é o autor de grandes e insondáveis obras, de maravilhas que não se podem contar (Jó 9,10). Mas Jó não fica por aí. Ele inverte o argumento do poder divino. Em vez de se extasiar ante as obras assim criadas, usa-as como pretexto para reforçar sua tese sobre a impotência do ser humano diante de Deus e sua incapacidade de responder às suas perguntas, mesmo que uma só em mil (Jó 9,3). Quanto mais enfrentá-lo (Jó 9,4).

Mais adiante, a mesma inversão será aplicada ao mundo animal, testemunho privilegiado da obra do criador (Jó 12,7-10). Basta perguntar às aves, aos peixes, ao gado, os animais da criação: Quem não sabe, entre todos eles, que foi a mão do Senhor que fez tudo isso? Não somente a mão de Deus fez tudo isso, mas também ela detém em seu poder a vida de todos, a alma de cada pessoa viva e o espírito de toda carne do homem (Jó 12,10). Uma coisa é certa, tudo depende de Deus para a existência. Jó prontamente admite isso. Todavia, o que ele contesta é a maneira como Deus conduz o destino de cada um (Jó 12,13-25). O que, então, é essa sabedoria, esse conhecimento tão eficaz que concedemos ao criador, cuja ação às vezes parece incoerente e até incompreensível: Ele engrandece as nações, depois as arruína; faz com que os povos se expandam, depois os reprime? Neste ponto, Jó sabe tanto quanto seus amigos. Ele não cederá em nada sobre o destino do homem, que lhe parece totalmente pré-traçado.

> Se já estão fixados os seus dias, se o cômputo de seus meses estabeleceste, se lhe puseste um termo intransponível, olha para outra parte; dá-lhe folga, que goze, como o operário, do seu descanso (Jó 14,5-6).

Além disso, Jó chega a ponto de imaginar que Deus estaria instigando contra ele uma inimizade tão antiga como o mundo: "Serei o Oceano, ou o Monstro do mar, para que ponhas uma guarda junto a mim?" (Jó 7,12); e ironicamente se perguntar sobre as verdadeiras intenções divinas, fazendo eco a Salmos 8: "Que é um mortal para lhe dares importância e fixares nele a tua atenção, para que a cada manhã o fiscalizes e a todo instante o ponhas à prova?" (Jó 7,17-18).

E Jó não fica por aí. Não contente em criticar a incoerência da marcha aparente do mundo, tem a audácia de desafiar a Deus, lembrando-lhe seus deveres como criador: "Acaso, te apraz oprimir-me, desprezar a labuta de tuas mãos, favorecer as intrigas dos maus?" (Jó 10,3). E, mais adiante, Jó torna à investida com maior intensidade: "Tuas mãos me plasmaram, me moldaram, juntas, me envolvendo; e me destruíste! Lembra: tu me modelaste como a argila, e agora me devolves ao pó!" (Jó 10,8-9). O tema do retorno ao pó refere-se obviamente à criação de Adão descrita no livro do Gênesis, e a imagem da criação refere-se à habilidade do oleiro tão prezada pelos profetas (Is 29,16-17; Jr 18,1-12). Mais ainda, Jó completa a evocação da criação do homem com considerações puramente biológicas: De pele e carne me vestiste, de ossos e de nervos me teceste. Vida e misericórdia me concedeste, e teu cuidado guardou meu espírito (Jó 10,11). Se a ênfase é posta na formação progressiva do embrião e do feto, em última análise este prodígio da concepção e do nascimento não está desprovido de más intenções por parte de Deus: "Isto é o que dissimulavas em teu coração, isto, eu o sei, tu o tramavas: apanhar-me em flagrante se eu pecar, sem deixar escapar nenhuma falta!" (Jó 10,13-14).

No final, Jó acaba culpando Deus por querer destruir pouco a pouco a sua obra-prima. Eliminar Jó era o plano original de Satanás. O Senhor também faria parte desse plano? Jó não se desarma, sua queixa ganha mais força ainda. Ele ataca abertamente a Deus que, sob o pretexto de lhe dar vida, acaba se mostrando hostil a ele: "Por que me deixaste sair do ventre? Tivesse morrido, olho algum me teria visto. Eu seria como quem nunca existiu, levado do ventre à sepultura. Não são poucos os meus dias?" (Jó 10,18-20). Jó ainda espera algo de Deus? Perguntamo-nos... Por ora, tem apenas uma palavra de ordem em mente: libertar-se! E diz sem rodeios: "Que pare, que me deixe, que eu tenha um pouco de prazer, antes que, sem volta, eu me vá à terra das trevas e da sombra-da-morte, a terra onde a aurora é escuridão, onde a sombra-da-morte encobre o caos e a própria claridade é escuridão" (Jó 10,20-22). Por piedade, um pouco de descanso antes de morrer, pois a morte já não é apenas o final da vida; ela se torna para Jó um verdadeiro desígnio de Deus. Jó se pergunta por que Deus de repente se tornou tão cruel contra sua criatura. Por que tanta obstinação em Jó? Aquele que é considerado o mestre da criação e da história faz dele um brinquedo a ponto de transportá-lo no vento para um passeio mortal: "Sobre os corcéis do vento me transportas e me dissolves dentro da borrasca. Eu sei: tu me conduzes para a morte, o encontro de todos os viventes" (Jó 30,22-23). Jó não compreende. A sabedoria de Elihu será de pouca ajuda enquanto espera pela revelação decisiva do próprio Senhor.

A criação de acordo com Elihu

Em suas palavras, Elihu se refere ao criador e à sua obra. Ele faz isso seja por pequenas menções já nos primeiros capítulos de seus discursos (Jó 32–35), seja na forma de uma longa exposição (Jó 36–37). Assim, depois de evocar o cuidado que Deus tem para com o universo como um todo, Elihu mostra sua atenção constante aos animais, bem como ao ser humano. E pondera de forma contrária: "Se apenas em si mesmo cogitasse, se concentrasse em si seu sopro e alento, toda carne expiraria de uma vez e o homem voltaria ao pó" (Jó 34,14-15). Mais adiante, Elihu louva a força divina em ação na criação. Ela é apresentada pelo convite feito a Jó para enaltecer a obra de Deus, porque é um espetáculo oferecido a todos e o homem a contempla à distância (Jó 36,25). Depois o sábio de Israel passa em revista as maravilhas do mundo, especialmente os fenômenos atmosféricos extremos: o frio, o gelo, a tempestade, o furacão, a neve... Em seguida, retornará a vários deles: os trovões, os relâmpagos, as nuvens e a chuva. Todavia, o que nos é apresentado aqui não é um boletim meteorológico, mas sim um ato de fé na fidelidade de Deus à sua obra. O projeto original do criador mantém-se firme. Elihu vai dizer isso mostrando como os fenômenos atmosféricos, aparentemente imprevisíveis, não são deixados ao acaso, governados por forças cegas, mas estão sob o controle de um Deus que está sempre agindo, estabelecendo uma meta para cada raio (Jó 36,32) e, por meio de diretivas, exatas guia o curso das tempestades e a distribuição das chuvas (Jó 37,12). Tudo isso é posto a serviço do ser humano, por exemplo, concedendo ou recusando a chuva. Assim, Deus mantém uma ação sobre os povos, oferecendo ou não alimento abundante (Jó 36,28-31).

Pode-se compreender então que para Elihu e também para seus companheiros, o efeito da natureza não é neutro em relação à vida do ser humano: benevolente ou desconcertante, amigável ou hostil, ela sempre ultrapassa a si mesma, carregando uma verdadeira mensagem vinda de Deus. E o ser humano não se engana, tanto diante das grandiosas obras que nos ultrapassam (Jó 37,5) como diante do trovão anunciando a ira de Deus (Jó 36,33). Assim, Jó é convidado a contemplar de olhos bem abertos o livro da natureza, refletindo sobre as maravilhas de Deus, mestre de toda a criação. De um modo bastante lógico, a última palavra de ordem do sábio Elihu será um convite para confiar neste criador que faz tudo sabiamente: a ele a veneração de todos os espíritos sensatos! (Jó 37,24).

A criação narrada por Deus

Nos dois grandes discursos divinos, a criação é posta em evidência com muito mais amplitude e solenidade. Muitas das ações que o Senhor reivindica para si referem-se às origens da criação. Na forma de uma revisão de percurso, o Senhor evoca a Jó o princípio do mundo para lembrá-lo do que ele fez: lançou os fundamentos da terra, fixou seus limites, encaixou suas bases e assentou sua pedra angular (Jó 38,4-6). De acordo com os planos do criador, a terra tem toda a aparência de um templo, do qual Deus não cessa de cuidar. A ação contínua do Senhor sobre o mundo tem com que suscitar a admiração de todos, pois é ela que assegura o bom andamento do universo. Tudo está na mão de Deus, que comanda a manhã e a aurora (Jó 38,12-13), que caminha pelas profundezas do abismo até as portas da morte e das sombras (Jó 38,16-17). É ele quem convoca a neve e o granizo, o vento do leste e a chuva, as nuvens e os relâmpagos, é ele quem faz descer o orvalho pela manhã, o gelo ou a geada (Jó 38,22-30.34-35).

Depois de apresentar-se a Jó como mestre da ordem das coisas e da feliz alternância das estações, o Senhor persiste longamente descrevendo o cuidado que ele dispensa aos animais, desde os mais mansos (cabras, veados), até os mais selvagens (a leoa e seus filhotes); desde o mais inteligente (o galo e o íbis) até os mais tolos (o avestruz); desde os mais dóceis (o cavalo) até os mais ariscos (o asno montês e o búfalo); ao que serão acrescentados, no segundo discurso, os dois intrépidos monstros marinhos: Beemot e Leviatã. A importância dada ao mundo animal é uma característica dos discursos divinos. Se as descrições do céu e dos fenômenos atmosféricos são comuns aos discursos dos amigos de Jó e Elihu, este grande esboço dos animais do mundo é diferente de qualquer outro na Bíblia. Por que tanta insistência nisso? Para mostrar a Jó que Deus está presente, atuando no mundo dos vivos e, portanto, na história, seja a dos povos em geral ou a dos indivíduos em particular. Ou seja, o mundo animal nos fala sobre o mundo dos humanos. O que Deus faz pelos animais, faz pelo bem do ser humano. Assim, responde-se à crítica de Jó afirmando que o Senhor, contrariava toda a sabedoria ao usar o mundo criado para derrotar o homem, mesmo quem é inocente. Pelo contrário, o Senhor responde a Jó que ele é o único artesão do universo, familiarizado tanto com o que é infinitamente grande como com os mais ocultos segredos da vida, capaz de cuidar de tudo o que vive e se move livremente sobre a terra. Desta forma, o Senhor mostra como sua sabedoria está sempre trabalhando, embora o ser humano não disponha de todas as chaves para decifrá-la.

Se o homem não aparece explicitamente na exposição desse panorama divino (Jó 38,13-15; 39,5-12), não obstante está presente eventualmente na maneira como Deus lhe descreve a obra-prima da criação. O homem não é Deus, a criatura não pode pretender destronar o criador em razão do tríplice limite que o atinge: o limite da duração de sua vida, tendo nascido bem depois da criação primordial do mundo (Jó 38,4-7.21); o limite de seu conhecimento, uma vez que não pode pretender deter um conhecimento exaustivo e unitário do cosmos e de seus fenômenos; e o limite de seu poder perante a força e a habilidade do criador. Descortinando a infinitude do mundo, o Senhor mostra que se recusa a ser reduzido às imagens nas quais Jó gradualmente o encaixara: um Deus que julga, inquisidor, cruel – as inúmeras representações que Jó forjou para traduzir em palavras sua angústia de viver. O criador não lhe responde dentro dessa perspectiva, ele se contenta em alargar-lhe o horizonte do pensamento. Em um mundo onde a inteligência e a ternura do criador se revelam em toda parte, Jó não pode afirmar ser o único não amado. É o que ele acaba por compreender, ao colocar a mão sobre a boca e consentir ficar em silêncio (Jó 40,4).

No final, o que se deve reter das palavras do Senhor? Ao primeiro discurso divino, que enfatiza o cuidado do criador com suas criaturas, o segundo discurso acrescenta dois importantes complementos às qualidades divinas: a liberdade e o poderio. Em sua sabedoria, o Senhor cria o que quer e como quer, sabendo por que o faz. E não cabe ao homem criticar seu criador, ele que tem medo até de um crocodilo. O que parece impensável para Jó é apenas uma brincadeira para o criador. Sem dúvida, nos grandes monstros marinhos devemos ver uma alusão ao domínio de Deus sobre a história.

No fundo, Jó questionava Deus sobre o sentido de suas escolhas, de sua ausência, de seu silêncio diante do homem em provação. O criador escolhe não responder diretamente às suas inquirições; antes, dá voz à criação. Segundo o Senhor, o mundo também tem o que dizer quando o homem se pergunta sobre seu destino. O que ele fez sabiamente no início do universo atesta o que está fazendo agora e o que fará em seguida para o ser humano ao governar o mundo. É esta esperança na inesgotável sabedoria de Deus que consegue convencer Jó a pôr um fim a sua angústia. Jó é convidado a vivenciar esse salto de fé como um risco libertador diante do mistério do Deus Todo-poderoso e benevolente.

10

A recepção do livro de Jó

O livro de Jó é uma fonte de inspiração na vida da Igreja, especialmente graças às retomadas feitas nos textos do Novo Testamento e consequentemente nos escritos de autores cristãos primitivos, tradicionalmente chamados de Padres da Igreja. Pelas leituras que fazem desse texto de sabedoria, todos eles interpretam a figura de Jó à sombra da figura de Cristo. Assim, em sua abordagem, o leitor de hoje é convidado a encontrar-se com o Deus dos cristãos não só a partir do Deus que fala vigorosamente com Jó na tempestade, mas também mediante o rosto do crucificado. Isso significa que a mensagem do Evangelho não deve ser recebida em detrimento do sofrimento humano, mas no âmago da luta mais amarga do sofredor contra o mal e a desgraça. Primeiro veremos como, por meio das passagens do Novo Testamento e dos escritos dos Padres da Igreja, a jovem comunidade cristã se apropriou da obra do sábio para atualizar o conteúdo de sua fé. Em seguida, mostraremos como as igrejas do Ocidente, e acima de tudo do Oriente, continuam a transmitir esse texto hoje, especialmente em sua liturgia.

Jó e o Novo Testamento

• Uma referência explícita a Jó na Epístola de Tiago 5,11: "Vede: felicitamos as pessoas que aguentam. Ouvistes a história da paciência de Jó e vistes o fim visado pelo Senhor, porque *o Senhor é rico em misericórdia e compassivo*".

✓ Por sua constância no Senhor, para os cristãos, Jó representa o protótipo de todos aqueles que sofrem injustamente na terra. A grandeza do sábio é justamente ter lutado contra o mal até o fim de sua queixa, sem resignação. Pelo empenho de pôr em destaque a sorte daquele que não tem nenhum pecado, essa interpretação da figura de Jó naturalmente remete à figura de Cristo em sua paixão.

✓ Nos evangelhos, Jesus nunca cessou de combater o mal em todas as suas formas, com palavras e ações, entregando inclusive sua própria vida. Assim, desde o início de seu ministério, logo após o batismo no Jordão, ele teve de lutar firmemente contra os ataques do tentador (Mt 4,1-11; Mc 1,12-13; Lc 4,1-13). Da mesma forma, no fim de sua vida, no momento final do drama da Paixão, encontramos novamente Jesus lutando contra o mal e o sofrimento durante a agonia de sua derradeira noite: da solidão de Getsêmani à angústia do Calvário, do abandono dos seus até a morte na cruz (Mt 26–27; Mc 14–15; Lc 22–23; Jo 18–19).

• Alusões a Jó em outros livros do Novo Testamento:

✓ No livro de Atos dos Apóstolos, Jesus é descrito como o ungido de Deus que "[...] passou por toda parte como benfeitor, curava todos os que o diabo mantinha escravizados, pois Deus estava com ele" (At 10,38); ele que experimentou os sofrimentos da Paixão, "[...] que os judeus suprimiram suspendendo-o no madeiro [...]" (At 10,39).

✓ Na epístola aos Hebreus, Cristo é aquele que foi abandonado, rejeitado por todos, aquele que, "durante sua vida terrena ofereceu orações e súplicas com grande clamor e lágrimas àquele que podia salvá-lo da morte, e foi atendido por causa de sua submissão" (Hb 5,7). Embora sendo filho de Deus, Cristo não foi poupado de experimentar a prova de tormento e da morte. Contudo, no terceiro dia, o Pai o ressuscitou dos mortos.

Jó nos Padres da Igreja

Clemente de Roma, Carta aos Coríntios

Nessa epístola, datada por volta do ano 90, há muitas e às vezes longas citações do livro de Jó. Eis algumas:

Siga a humildade do sábio

"E a respeito de Jó, eis o que está escrito: 'Jó era justo, irreprovável, verdadeiro, religioso, afastado de todo o mal'. E, no entanto, ele mesmo se acusa, dizendo: 'Ninguém está livre de máculas, mesmo que tenha vivido apenas um dia'" (Clem. 17,3-4 / Jó 1,1; 14,4-5).

"Pois está escrito: 'não havia forma diante de meus olhos, mas eu ouvia um sopro e uma voz. Porventura um mortal será puro perante o Senhor? Um homem poderá não ter culpa em relação às suas obras, quando já não confia em seus servos e repara falhas em seus anjos?'"(Clem. 39,3-4 / Jó 4,16-18).

"O próprio céu não é puro diante dele" (Clem. 39,5 / Jó 15,15).

Anúncio da ressurreição dos mortos

"Devemos então deduzir que se trata de um prodígio extraordinário quando o criador do universo faz ressurgir aqueles que o serviram em santidade e com a confiança de uma fé perfeita, quando manifesta a grandeza do que tinha predito, inclusive através de um pássaro? Em algum lugar está escrito: 'Tu me ressuscitarás e eu cantarei teus louvores', e: 'eu me deitei e adormeci; despertei, porque estás comigo'. E Jó, por sua vez, disse: 'ressuscitarás a minha carne, aquela carne que suportou todos esses sofrimentos!'" (Clem. 26,1-3 / Jó 19,26).

Depositar sua confiança em Deus

"O que será, então, dos que moram em casas de argila, entre os quais estamos nós, formados da mesma argila? Ele os esmagou como se esmaga um verme; entre o amanhecer e a tarde, eles não existem mais: pereceram, não podendo encontrar auxílio em si próprios. Ele soprou sobre eles e morreram, porque não tinham sabedoria. Agora invoca, para ver se alguém te escuta. Verás talvez algum dos santos anjos! A ira arruína o insensato, e a inveja mata o transviado. Vi insensatos deitarem raízes, mas logo sua vida foi devorada. Que seus filhos fiquem longe da salvação; sejam desprezados junto à porta dos mais pobres, e não haja ninguém para libertá-los. O que lhes foi preparado, os justos comerão; quanto a eles, não se livrarão de suas maldades" (Clem. 39,5-9 / Jó 5,1-5).

"E diz mais: 'Feliz o homem a quem Deus não acusa; ele não recusa a advertência do Todo-poderoso, que o faz sofrer, mas depois o restabelece; ele fere, mas suas mãos curam. Por seis vezes ele te arrancará das calamidades e pela sétima vez o mal não te tocará. Na carestia ele te salvará da morte, e na guerra ele te livrará da mão de ferro. Ele te protegerá do açoite da língua e não temerás os males que te sobrevêm. Tu rirás dos injustos e dos maus, e não temerás as feras, porque elas estarão em paz contigo. Depois reconhecerás que a tua casa está em paz e que a tua tenda não sofreu danos. Terás numerosa descendência, e teus filhos serão como a erva do campo. Descerás à sepultura como trigo maduro, colhido no tempo certo ou como feixe da eira recolhido na hora exata'" (Clem. 56,6-16 / Jó 5,17-26).

Autores do final do século IV

Alguns autores cristãos tentam aproximar a figura de Jó da figura de Cristo na cruz:

Zenão de Verona (300-371?) foi o primeiro dos Padres Latinos a fazer esta aproximação: "Jó, se bem entendemos, queridos irmãos, anunciava a figura de Cristo" (*Patristica Latina* 11,441-443).

Ambrósio (340-395), por outro lado, faz de Jó o modelo de alguém que é capaz de suportar a provação, graças ao consolo das Escrituras (De interpellatione Jó et David, *Patristica Latina* 14,797-850).

Hesíquio de Jerusalém vê em Jó uma prefiguração de Cristo: "Jó era, portanto, um profeta que, na segurança de suas palavras, nos fazia ver a paixão de Cristo como se ele a tivesse diante de seus olhos. É por isso que ele falou de sua própria pessoa, a fim de mostrar a Paixão para os antepassados do povo judeu, na medida em que era possível as pessoas anteverem esse fato; e, em seguida, ele descortinou esse acontecimento para nós" (Homilia 19 sobre Jó 16).

Gregório Magno identifica Jó com Cristo: "De quem, pois, Jó seria a figura, se não daquele de quem um profeta fala quando diz: Ele mesmo suportou nossas dores (Is 53,4)" (Lições morais do livro de Jó). À imagem de Cristo, a aceitação do sofrimento por parte de Jó prevalece sobre a revolta do sábio. De certa forma, entendemos que Jó carrega a sua cruz. A este respeito, no início do cristianismo, Jó se constitui uma prefiguração de Cristo. Em seguida, Gregório deu um passo adiante, identificando Jó com a vida dos cristãos "porque ele reina nos corações daqueles que buscam conselhos sábios".

Jó no cristianismo da Idade Média

Tomás de Aquino (1124-1274), Expositio super Job ad litteram.

"Assim, firmemente estabelecido em sua opinião de que as coisas naturais não são governadas pelo acaso, mas pela providência, por causa da ordem que nelas se manifesta, a dúvida persistiu entre a maioria sobre as ações humanas, se procediam do acaso ou se eram governadas por alguma providência ou disposição superior. O que favoreceu muito esta dúvida foram certos eventos humanos onde não se vislumbrava nenhuma ordem certa. Na verdade, nem sempre é para os bons que as coisas boas acontecem, e as más para os maus, nem vice-versa, as más para os bons e as boas para os maus, mas indiferentemente para os bons e os maus acontecem coisas boas e más. É isso, portanto, que impressiona acima de tudo os corações dos homens, para fazê-los pensar, que a providência divina não rege as coisas humanas; alguns dizem que essas coisas acontecem por acaso, a menos que intervenha alguma previsão ou conselho por parte dos homens; outros atribuem esses eventos a uma fatalidade celeste [...]. E assim, depois da promulgação da lei e depois dos profetas, figura primeiro o Livro de Jó entre as hagiografias ou os livros sapienciais escritos sob inspiração divina para o ensino dos homens. O livro volta toda sua atenção para mostrar por razões probatórias, que a Providência Divina governa as coisas humanas".

Jó e o século do Iluminismo

Voltaire (1694-1778): correspondência com a Marquesa du Deffand: "Nu saí da terra e nu a ela voltarei, mas repare que Jó dizia isso enquanto arrancava os cabelos e rasgava as roupas. Mas eu não rasgo minha roupa, porque no tempo que corre é necessário ser econômico...".

Jó na liturgia

A Igreja Católica Romana raramente propõe a leitura de Jó para a meditação dos fiéis durante a celebração da missa.

- Nas leituras de domingo e de festividades:
✓ Queixa de Jó em Jó 7,1-7 (5º domingo, Ano B),

✓ O início do sermão do Senhor em Jó 38,1-11 (o 12º domingo, Ano B).

- Na liturgia de exéquias:
✓ Uma das queixas dirigidas ao Senhor por causa da morte que se aproxima (Jó 14,1-3;10-15),

✓ Um trecho das mais belas palavras de esperança proferidas por Jó ao seu libertador, que ele sabe estar vivo (Jó 19,1; 23-27).

- Na liturgia das Igrejas Orientais, a "Quarta-feira de Jó":
- Leitura de um sermão sobre Jó no qual o sábio aparece como a figura de Cristo em suas provações. O feliz resultado de seu destino prenuncia a ressurreição próxima de Cristo.
- Compra de uma planta chamada *Ra'râ'Ayyûb* que tem propriedades curativas, especialmente para o tratamento do reumatismo. Na quarta-feira santa, as pessoas maceram esta planta em água e depois lavam o corpo com ela.
- Convite para estar perto, através da oração e da caridade, de todos aqueles no mundo que sofrem injustamente.

Jó no judaísmo da Idade Média

Jó é citado pelo filósofo judeu Maimônides (1138-1204), que convida a distinguir o conhecimento de Deus pela reflexão do conhecimento pela tradição:

> Este [Jó] proferiu todos esses discursos somente enquanto estava na ignorância e conhecia a Deus apenas por tradição, como o conhece a multidão de homens religiosos; mas logo que adquiriu conhecimento certo de Deus, reconheceu que a verdadeira felicidade, que consiste no conhecimento de Deus, é reservada para aqueles que o conhecem, e que nenhuma dessas calamidades poderia perturbar a felicidade do homem (*Guia dos perplexos*, III, cap. 23).

Jó no Islã

O Alcorão cita Jó várias vezes sob o nome Ayub. Encontramos alguns pontos em comum com a Bíblia:

A surata intitulada *Os Profetas* recorda que Jó deve sua salvação apenas à misericórdia de Deus:

> E Ayub quando chamou a seu Senhor: "O mal tocou-me, e Tu és o mais Misericordiador dos misericordiadores". Então atendemo-lo e removemo-lhe o que tinha de mal. E concedemo-lhe, em restituição, sua família e, com ela, outra igual, por misericórdia de Nossa parte e por lembrança para os adoradores (surata 21,83-84).

A surata intitulada *Sad* convida o crente a se lembrar de Jó, que se manteve firme na adversidade:

> E menciona Nosso servo Ayub, quando chamou por seu Senhor: "Por certo, Satã tocou-me com quebrantamento e castigo." Ordenamos-lhe: "Bate na terra com o pé: eis uma água fresca, para te lavares e beberes." E dadivamo-lo com sua família, e com ela outra igual, por misericórdia vinda de Nós e lembrança para os dotados de discernimento. "E apanha com tua mão um feixe de gramínea; então bate-lhe com ele e não violes teu juramento." Por certo encontramo-lo perseverante. Que excelente servo! Por certo, ele era devotado a Allah (surata 38,41-44).

11

O livro de Jó, chaves para entender nossa cultura

Desde o fim da Antiguidade até nossos dias, muitas passagens do livro de Jó inspiraram autores de todos os gêneros, sejam poetas, romancistas, pintores, músicos, cineastas, cartunistas... Um dos exemplos mais recentes é o livro de 2014, da teóloga protestante Marion Muller-Colard, intitulado *L'autre Dieu, la Plainte, la Menace et la Grâce*, no qual a autora relê sua própria experiência como pastora em um ambiente hospitalar e como mãe de família, ao lado de um de seus filhos gravemente doente. Seguindo o mesmo itinerário de Jó, a autora se pergunta sobre a possibilidade de se arriscar a confiar cegamente, confiar no Deus totalmente outro. Para além da queixa e da ameaça, Marion Muller-Colard faz transparecer nesse texto já tão explorado a oferta de uma graça.

Evidentemente não poderemos citar todas as obras publicadas até hoje. Para nos ajudar a ter uma ideia clara da influência de Jó em nossa cultura ocidental, vamos rever apenas algumas das melhores reinterpretações do livro nas épocas moderna e contemporânea.

Algumas obras de arte inspiradas no livro de Jó

Pintura

✓ Georges La Tour, *Job raillè par sa femme*, 1632-1635, Museu de arte antiga e contemporânea, Épinal.

✓ Léon Bonnat, *Job*, 1880, Museu de Orsay, Paris. Uma visão solitária do velho nu e despido sentado no chão.

✓ Marc Chagall, *Job désespéré et Job en prière*, 1960, Museu Nacional Marc Chagall, Nice.

Escultura

Capitel da História de Jó, proveniente do Mosteiro de Notre-Dame de la Daurade (1151-1200), Museu dos Agostinianos, Toulouse.

Jó na literatura

✓ Adrienne von Speyr, *Job*, 1972.

✓ Paul Ricoeur, *Le mal, un défi à la philosophie et à la théologie*, 1985.

✓ Élie Wiesel e Josy Eisenberg, *Job ou Dieu dans la tempête*, 1986.

✓ Gustavo Gutierrez, *Job: parler de Dieu à partir de la souffrance de l'innocent*, 1987.

✓ Andrée Chedid, *La femme de Job*, 1993.

✓ Pierre Assouline, *Vies de Job*, 2011.

✓ Fabrice Hadjadj, *Job ou la torture par les amis*, 2011.

Jó na música clássica, na música contemporânea e no canto litúrgico

Entre os compositores da chamada música "clássica", há duas obras principais: O Messias de Haendel e um moteto de Brahms.

✓ Georg Friedrich Haendel, *Eu sei que o meu Redentor vive*, um trecho do oratório O Messias, 1741.

✓ Johannes Brahms, *Warum ist das Licht gegeben*, Moteto, op. 74 Nº 1, 1877.

Música popular livremente inspirada na vida de Jó:
✓ Ray Ventura, *Tout va très bien madame la marquise*, 1935.

✓ Uma canção que retoma as palavras de fé de Jó (Jó 19):

✓ Marcel Godard, *Je crois que mon Sauveur est vivant*, 1980.

Jó no cinema

Embora considerado uma das obras-primas da Bíblia, o Livro de Jó não foi uma grande fonte de inspiração cinematográfica direta. No entanto, vale a pena mencionar o título de um filme recente:

✓ Terrence Malick, *A árvore da vida*, 2011.

Bem como uma série americana:
✓ South Park, Cartman Land, 6º episódio da 5ª temporada.

Conclusão

O livro de Jó é um escrito de sabedoria que vai muito além das fronteiras geográficas de Israel para alcançar o mundo inteiro. O tema do sofrimento suportado por um inocente é eminentemente universal. Era normal, portanto, levantar a questão do mal fora do âmbito da terra de Israel e de sua história. É, de fato, a história humana como um todo que é abordada nesse livro, não a de um povo particular, mesmo que fosse o povo escolhido pelo Senhor. Além disso, esse drama traz à baila a sabedoria não só do Senhor, Deus de Israel, mas também do Deus criador, mestre do cosmos e da história. Nesse contexto, é preciso reconhecer, todos os atores do drama são sábios à sua maneira: Jó e os três amigos, cujas sentenças vêm de algum lugar no Oriente, e Elihu, o sábio de Israel. Para Jó, todavia, não há dúvidas de que o Senhor é sábio (Jó 12,12-13), mas sua sabedoria parece muito assustadora! Esse livro que percorremos é, portanto, fruto de um debate sapiencial sobre a espinhosa questão da justiça diante do sofrimento. A única diferença entre os sábios é que Jó está sozinho suportando o peso do sofrimento, situação que ele não deixa de lembrar em voz alta. No entanto, no final, seu caso pessoal continua a ser um enigma para todos.

Esse escrito ultrapassa igualmente os limites do tempo para chegar ao homem de hoje, com suas próprias perguntas em face do sofrimento inesperado e inexplicável. Como se pode justificar que um infortúnio atinja tão gravemente a um inocente? Para esta pergunta, duas respostas são possíveis. A primeira resposta é a dos amigos de Jó, que consiste em duvidar da inocência daquele que sofre. A desgraça sofrida nada mais seria que a expressão do castigo, que um dia ou outro acabaria chegando, por um erro cometido pelo ser humano. Mas o Senhor rejeita essa resposta no início do epílogo: os amigos de Jó não falaram de maneira conveniente. Pensavam que tinham que defender a honra de Deus, mas não o conheciam verdadeiramente. Nisso eles se enganaram redondamente. A segunda resposta vem do próprio Jó e o Senhor considera-a preferível. No entanto, é exatamente a justiça divina que Jó irá questionar firmemente, beirando o limite da blasfêmia. Em troca, o Senhor não deixa de formular suas próprias reprimendas contra aquele que se permitiu obscurecer os planos divinos. Contudo, discretamente a esperança fez seu caminho, de modo que, no final, o Senhor intervém não para responder diretamente às perguntas de seu interlocutor, mas mostrando-lhe o que ele já realizou de justo no universo. Ele, o Senhor, é cioso de tudo o que acontece neste mundo, desde a abóbada celeste até o último nascido da criação. Sim, é preciso reconhecer que o Senhor age com sabedoria no mundo, mesmo que em alguns aspectos o resultado de sua obra possa parecer muito estranho para o olhar humano. Pois a justiça de Deus não é a dos seres humanos. A justiça de Deus é um dom, não um dever. É uma graça que deve ser descoberta e não um pleito que se deva reivindicar.

É de fato uma graça quando não se faz do sofrimento pessoal o único foco de interesse da vida, mas quando o Senhor consegue, como em Jó, revelar sua presença mesmo no aparente fracasso da existência. É essa presença, afinal, que faz com que Jó possa se encontrar com Deus face a face e só fará essa experiência benfazeja depois de ter lutado ardentemente com Deus. Mas, se por um lado realmente alcançou paz em seu coração, terá obtido também as respostas para suas perguntas? Ao final da leitura, o leitor também continua sem respostas definitivas em relação às grandes questões existenciais postas pelo sábio. É preciso reconhecer que o mistério do mal neste mundo permanece intacto. A sabedoria não consegue resolvê-lo. A única coisa que ela faz é desvelá-lo a nossos olhos, convidando-nos a abordá-lo de uma forma bem diferente: a partir de uma fé renovada pelo Senhor. É na paixão de Cristo que os cristãos entendem até que ponto Deus está realmente com eles no sofrimento.

Anexos

Léxico

Principais nomes dados a Deus

O livro de Jó menciona vários nomes divinos:

Elohim — Nome Divino, muitas vezes usado na Bíblia hebraica. Ele aparece poucas vezes no livro de Jó (onze vezes, apenas no prólogo do livro).

El — Diminutivo de Elohim, que, em hebraico, é o nome comum de Deus.

Eloah — Muitas vezes usado em forma poética para Elohim.

O Redentor — Do termo hebraico *goel*, que designa o vingador de um mal sofrido, de sangue derramado (Nm 35,19), o resgatador de uma dívida e, portanto, por extensão, o defensor de um direito, de uma ação legal. Via de regra é o parente mais próximo da vítima que é chamado a exercer esse direito. Posteriormente, o título de redentor será aplicado ao Senhor, considerado como o melhor defensor e resgatador de seu povo (Is 41,14; Jr 50,34; Ps 19 (18),15). No livro de Jó, o Senhor é considerado um redentor perante a corte celeste.

Shaddai	Nome divino muitas vezes usado nos relatos da época dos patriarcas (Gn 17,1; 28,3). Este título é usado várias vezes (onze vezes) no livro de Jó com uma conotação arcaica referindo-se ao Senhor, Deus da aliança.
Yhwh	Nome próprio do Deus de Israel, Deus da aliança. Esse termo impronunciável expressa respeito pela transcendência de Deus. No livro do Êxodo, é o nome pelo qual o Senhor

se deu a conhecer a Moisés na visão da sarça ardente (Ex 3,14). No livro de Jó, apenas a estrutura em prosa (prólogo e epílogo) e os discursos divinos (Jó 38-42) usam este nome divino, enquanto as outras partes do livro usam os outros nomes El, Elohim, Eloah, El Shaddai.

Nomes de personagens

No comentário do livro, vários nomes de personagens relacionados com a história de Israel são citados:

- ✓ Abraão
- ✓ Amigos de Jó: Elifaz, Bildad e Sofar
- ✓ Amós
- ✓ Davi
- ✓ Elihu
- ✓ Jacó
- ✓ Jeremias
- ✓ Moisés
- ✓ Noé
- ✓ Samuel
- ✓ Saul

Livros bíblicos aludidos pelo livro de Jó ou que são citados no comentário do livro (em ordem cronológica), além do livro de Jó

- ✓ Livro do Gênesis
- ✓ Livro do Êxodo
- ✓ Salmos
- ✓ Livro de Provérbios
- ✓ Cântico dos cânticos
- ✓ Primeiro livro de Samuel
- ✓ Segundo livro de Samuel
- ✓ Primeiro livro dos Reis
- ✓ Segundo livro dos Reis
- ✓ Primeiro livro das Crônicas
- ✓ Livro de Rute
- ✓ Livro de Amós
- ✓ Livro de Isaías
- ✓ Livro de Jeremias
- ✓ Livro de Ezequiel
- ✓ Livro de Baruc
- ✓ Livro de Zacarias
- ✓ Evangelho de Mateus

Lugares bíblicos mencionados no livro de Jó

Edom	Ao sul da Transjordânia (atual Jordânia). Seus habitantes são descendentes do próprio Esaú, também chamado Edom, ou seja, ruivo ou vermelho em hebraico (Gn 25,19-34). É por isso que o país de Edom é às vezes chamado de Esaú (Jr 49,8,10) e os edomitas são chamados de filhos de Esaú (Dt 2,4; 8; 12; 22; 29).
Naamã	Local de origem de Sofar. Ele é um descendente de Caim (Gn 4,22). Sua localização é bastante incerta.
Shuah	Local de origem de Bildad. É também o nome de uma filha de Quetura, esposa de Abraão (Gn 25,2). O povo da Arábia descende de Quetura, incluindo os midianitas e os sabeus.
Teman	Local de origem de Elifaz. Em hebraico, este termo significa "meio-dia". Na Bíblia, Teman é o filho do próprio Elifaz, filho de Esaú (Gn 36,4.11.15). Este lugar provavelmente

	corresponde à região sul do país de Edom, em alguma região entre a atual Jordânia e a Arábia Saudita.
Us	Local de origem de Jó. O nome desse lugar também é o de um personagem. Us é contado entre os descendentes de Esaú, também chamado de Edom (Gn 36,28). Na Bíblia, Us é também o nome do sobrinho de Abraão, o filho que Milka teve com Nahor (Gn 22,20-21).

Outros locais

✓ Transjordânia: país para além do Jordão, na margem oriental do rio.

✓ Crescente fértil: região fértil que se estende da Mesopotâmia ao Egito, passando pelos rios Tigre e Eufrates. Deve sua fertilidade à presença de vastas terras planas e das abundantes águas do Tigre, do Eufrates, do Jordão e do Nilo. Nessa região nasceram os poderosos reinos da Suméria, Babilônia, Acádia, Assíria, Aram, Canaã e Egito.

Nomes de populações

✓ Sabeus: população do reino do Sul da Arábia, cujas principais cidades são Sabá e Haran É dessa região que vem a famosa rainha de Sabá. E é a cidade de Haran, de onde parte o patriarca Abraão.

✓ Caldeus: população semita da Babilônia, no sul da Mesopotâmia.

Imagens
- ✓ Fogo
- ✓ Vento
- ✓ Tempestade

Pequeno glossário

Escatologia
: Ramo do saber voltado para as questões do fim dos tempos ou o fim derradeiro, muitas vezes acompanhado por sinais ou imagens fortes (destruição final do cosmos, julgamento final, retribuição, inferno, fogo eterno...).

Exílio
: Termo que designa a dispersão dos habitantes do reino de Judá que, após a queda de Jerusalém em 587 a.C., foram deportados para a Babilônia. O exílio durou cerca de cinquenta anos, até que, em 538 a.C., O rei persa Ciro permitiu que os judeus voltassem a viver em suas terras.

Messias	Aquele que recebeu a unção real. Assim, todos os reis em Israel foram ungidos e são, portanto, messias. Mas, em face da decepção causada por muitos reis que não corresponderam ao ideal religioso de Israel, os profetas colocaram sua esperança em um messias que está por vir, um personagem especificamente enviado por Deus, investido de uma missão de salvação e regeneração de Israel. A Igreja reconhece em Jesus este Messias anunciado, a quem a tradução grega dá o nome de "Cristo".
Patriarcas	Termo que designa inicialmente Abraão, Isaac, Jacó e, por extensão, os antepassados da humanidade, bem como os de Israel.
Sheol	A morada dos mortos, considerada um país subterrâneo sem retorno, o lugar de um sono do qual, em princípio, não se pode acordar.

Templo de Jerusalém	Edifício construído para abrigar a arca da aliança, é o lugar da presença divina por excelência. Construído na época e aos de Salomão, foi destruído durante o exílio em 587 a.C. e reconstruído cinquenta anos depois, graças às boas disposições dos governantes persas: Ciro (559-530 a.C.) e Dario I (550-486 a.C.).
Teodiceia	Estudo que trata da justiça de Deus, com o objetivo de justificar a ação divina e refutar objeções relativas à existência do mal.
Teofania	Manifestação solene de Deus, muitas vezes acompanhada de fenômenos cosmológicos (fogo, vento, trovão...).
Torá	Revelação de Deus feita a Moisés no Sinai para todo o Israel. Por extensão, a Torá se refere aos cinco primeiros livros da Bíblia hebraica: Gênesis, Êxodo, Levítico, Números, Deuteronômio.

Cronologia

O livro de Jó insere-se em um tempo e uma história que se estendem por vários séculos. Parte-se do princípio de que alguns fragmentos desse escrito, incluindo o prólogo e o epílogo, poderiam recuar bastante no tempo na cronologia bíblica, talvez até mesmo nos tempos reais, quando o Rei Davi e, acima de tudo, seu filho Salomão, governavam Jerusalém, por volta do ano 1000 a.C. De acordo com os textos bíblicos, esse foi o grande momento do estabelecimento do povo de Deus na cidade santa, quando se projetava a construção do Templo de Deus. Mas essa primeira indicação cronológica é apenas uma hipótese. De acordo com comentaristas, a maior parte do livro foi escrita provavelmente bem depois da idade de ouro do período real, pelo menos após a divisão em dois reinos (Israel no norte, Judá no sul), as invasões e as deportações da população. O grande cisma de 932 foi o início de uma longa história de tormentos para o povo de Israel. O reino do Norte sofreu a invasão do povo Assírio, que levou à queda da capital, Samaria, em 722. Por sua vez, o reino do Sul foi invadido em 587 a.C. pelos babilônios, sob os exércitos do rei Nabucodonosor. Assim começou o tempo de exílio de uma parte da população judaica, um exílio que durou cerca de cinquenta anos. Foi somente em 538 a.C. que, por um edito do rei persa Ciro, os deportados foram autorizados a retornar à sua terra e reconstruir o Templo de Jerusalém. Mas a esperança dos exilados não teve os efeitos desejados. Seu retorno ao país não foi a realização de uma felicidade completa, principalmente por causa daqueles que ficaram para trás. É muito provável, portanto, que tenha sido nessa época de reassentamento na terra prometida que se reuniu grande parte dos monólogos, diálogos, a teofania final, e, depois, algumas décadas mais tarde, o discurso de Elihu (Jó 32-37) e o louvor da sabedoria (Jó 28). Nessa época, notadamente, Ésquilo e Sófocles davam reputação de excelência à tragédia grega. Ao mesmo tempo, as escolas de filosofia estavam em pleno andamento em Atenas, mas ainda sem qualquer contato com sabedoria bíblica. Será necessário esperar a chegada de Alexandre Magno, e a expansão de seu Império para a costa oriental do Mediterrâneo, para testemunhar o encontro entre a sabedoria helenística e a de Israel, o qual testemunham alguns livros bíblicos, em especial o livro de Eclesiastes, provavelmente escrito em meados do terceiro século a.C.

	1000	900	800	700	600	500	400	300	200
Cronologia									
História mundial	Celtas na Gália			Roma	Zoroastro				
					Buda, Confúcio,				
							Sócrates, Platão, Aristóteles, Epicuro		
Povos dominantes			Assírios		Babilônios	Persas		Gregos	
			Salmanasar		*Nabucodonosor*	*Ciro*		*Alexandre*	
História Bíblica	David/Salomão								
	1º Templo								
		Reinos Israel/Judá							
		(932)		Retirados de Samaria					
				(722)					
					Exílio na Babilônia, 2º Templo,		Ptolemaicos, Selêucidas		
					Esdras (587-538)				
Sabedoria bíblica	Provérbios/Jó (fragmentos) --------					Provérbios – Jó			Eclesiastes

Anexos 147

O Antigo Oriente no tempo de Jó

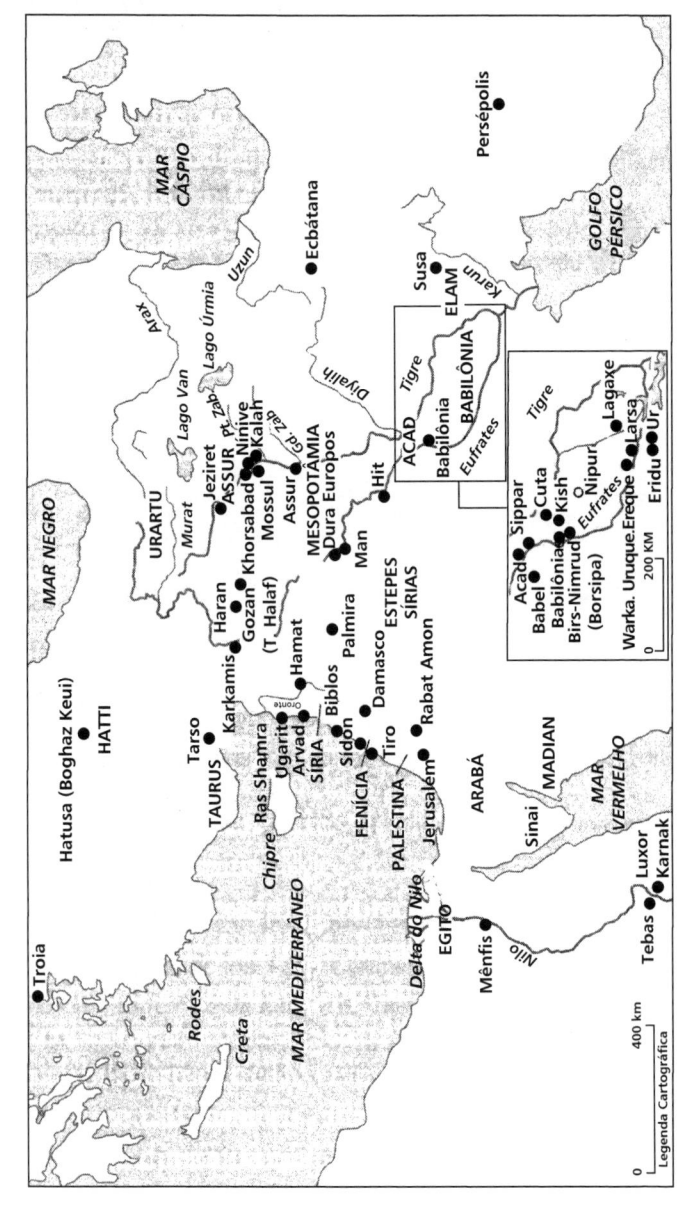

Bibliografia

Para contextualizar Jó no ambiente da sabedoria estrangeira

LÉVÊQUE, J., Sagesses de Mésopotamie, *Cahiers Évangile*, suppléments n. 85 (1993), Paris, Cerf.

MICHAUD, R., La littérature de sagesse. Histoire et théologie, t. 1, *Proverbes et Job, Lire la Bible*, n. 65 (1984), Paris, Cerf.

Para iniciar uma leitura seguida do livro de Jó

ASSURMENDI, J., *Job, La bible tout simplement*, Paris, L'Atelier, 1999.

LÉVÊQUE, J., Job, le livre et le message, *Cahiers Évangile*, n. 53 (1985), Paris, Cerf.

NOQUET, D., *Le livre de Job. Aux prises avec la justice divine, Au fil des Écritures*, Lyon, Olivétan, 2012.

Para aprofundar um dos temas do livro de Jó

DAVID, P., *Job ou l'authentique théodicée*, Paris, Bayard, 2005.

KEEL, O., *Dieu répond à Job. Job 38-41*, Lectio Divina. Commentaires 2, Paris, Cerf, 1993.

LÉVÊQUE, J., *Job ou le drame de la foi*, Lectio Divina, 216, Paris, Cerf, 2007.

MIES, F., *L'espérance de Job*, BETL 193, Leuven, Presses Universitaires, 2006.

Outros títulos para ampliar a reflexão

ASSOULINE, P., *Vies de Job*, Paris, Gallimard, 2011.

CHEDID, A., *La femme de Job*, Paris, Calmann-Levy, 1993.

MULLER-COLARD, M., *L'Autre Dieu. La Plainte, la Menace et la Grâce*, Genève, Petite Bibliothèque de Spiritualité, Labor et Fides, 2014.

Edições Loyola

editoração impressão acabamento

Rua 1822 n° 341 – Ipiranga
04216-000 São Paulo, SP
T 55 11 3385 8500/8501, 2063 4275
www.loyola.com.br